SECRET CITYs
PORTUGAL

Nicole Biarnés · Grit Schwarzenburg

SECRET CITYs PORTUGAL

60 charmante Städte abseits des Trubels

BRUCKMANN

INHALT

LISSABON-REGION 82

ALENTEJO 90

ALGARVE 108

↑ Die Häuser drängen sich geradezu an die Praia da Nazaré.
↓ Die ganze Schönheit Portugals (von links nach rechts): Castelo Rodrigo gehört zu den zwölf historischen Dörfern Portugals und ist für seine Mandelbäume bekannt. Der farbenfrohe Pena-Palast von Sintra ist UNESCO-Weltkulturerbe. Hoch über dem Rio Guadiana thront das charmante Städtchen Mértola. In der Altstadt Mouras findet sich ein gut erhaltenes maurisches Viertel. Das Cabo de São Vicente mit seinem Leuchtturm ist der südwestlichste Punkt Europas.

↑ Wer einsame Strände sucht, findet die im Norden Portugals.
↙ Der Jardim do Paço Episcopal in Castelo Branco ist einer der schönsten Parks im Stil des Barocks.
↓ Die Weinkooperation »Adega de Castelo Rodrigo« wurde 1956 gegründet.

0 150 km
N
ATLANTISCHER
OZEAN
SPANIEN
Tui
Monção
Valença
Ponte Barxas
Xinzo de Limia
A Gudiña
Verín
Palacios de Sanabria
Benavente
Arcos de Valdevez
Vila Praia de Âncora
Ponte da Barca
Ponte de Lima
Viana do Castelo
Chaves
Rebordelo
Bragança
San Martin del Pedroso
Zamora
Miranda do Douro
Braga
Barcelos
Guimarães
Mirandela
Macedo de Cavaleiros
Póvoa de Varzim
Vila do Conde
Santo Tirso
Vila Real
Mogadouro
Costa Verde
Matosinhos
Sabrosa
Pinhão
Tabuaço
Torre de Moncorvo
Emb. de Almendra
PORTO
Amarante
Mesão Frio
Peso da Regua
Vila Nova de Gaia
Lamego
Vila Nova de Foz Côa
R. Duero
Salamanca
Espinho
R. Douro
Vitigudino
Castro Daire
Furadouro
Torreira
São Pedro do Sul
Vouzela
Tamanhos
Castel Rodrigo
Aveiro
Viseu
Vilar Formoso
Ílhavo
Guarda
Ciudad-Rodrigo
Molelos
Cerdeira
Bejar
Belmonte
Covilhã
Coimbra
Figueira da Foz
Montemor-o-Velho
Lousã
Orvalho
Pedrógão
Coria
Penela
Monsanto
Idanha-a-Velha
Pombal
Emb. de Alcántara
Marinha Grande
Leiria
Castelo Branco
Sertã
Alcántara
Batalha
Ourém
Fátima
Tomar
R. Tajo
Nazaré
Alcobaça
Nisa
Cáceres
Torres Novas
Caldas da Rainha
Peniche
Óbidos
Ponte de Sor
Portalegre
Puebla de Obando
Santarém
Barragem de Montargil
Alter do Chão
Torres Vedras
Barragem do Maranhão
Mafra
Coruche
Vila Franca de Xira
Estremoz
Elvas
Badajoz
Mérida
Sintra
Cabo da Roca
Estoril
LISSABON
Vila Viçosa
Almendralejo
Cascais
Belém
Barreiro
Montemor o Novo
Évora
Setúbal
Monsaraz
Villanueva del Fresno
Zafra
Reguengos de Monsaraz
Bucht von Setúbal
Alcácer do Sal
Barragem de Alqueva
Jerez de los Caballeros
Portel
R. Guadiana
Moura
Grândola
Ferreira do Alentejo
Beja
Serpa
Rosal de la Frontera
Galaroza
Sines
Santiago do Cacém
Aljustrel
Castro Verde
R. Mira
Ourique
Mértola
Valverde del Camino
Odemira
Alcoutim
La Palma del Condado
Odeceixe
São Marcos da Serra
Monchique
Gibraleón
Sevilla
Aljezur
Alte
Castro Marim
Huelva
Silves
Loulé
Almonte
Portimão
Vila Real de Santo António
Vila do Bispo
Estói
Tavira
Sagres
Lagos
Albufeira
Faro
Olhão
Golf von Cádiz
AZOREN
Corvo
Graciosa
Flores
São Jorge
Terceira
Faial
Angra do Heroísmo
Lajes do Pico
Pico
São Miguel
Ponte Delgada
Atlantischer Ozean
Santa Maria
MADEIRA
Porto Santo
Vila Baleira
Atlantischer Ozean
São Vicente
Madeira
Câmara de Lobos
Funchal
1 2 3 4 5 6 7 8 9 10 11 12 13 14 15 16 17 18 19 20 21 22 23 24 25 26 27 28 29 30 31 32 33 34 35 36 37 38 39 40 41 42 43 44 45 46 47 48 49 50 51 52 53 54 55 56 57 58 59 60

VORWORT

MEHR ALS NUR LISSABON UND PASTEL DE NATA

Portugal ist eines der meist unterschätzten Reiseziele Europas. Dabei bietet das Land im äußersten Südwesten des Kontinents nicht nur 850 Kilometer Atlantikküste und rund 3.000 Sonnenstunden pro Jahr, sondern einen reichen Schatz an Geschichte, Natur und Kultur – und das fernab der beiden großen Städte Lissabon und Porto.

In Portugal leben gerade einmal zehn Millionen Menschen – aber die sind äußerst gastfreundlich. Und auch die Kommunikation funktioniert: Neben englisch, französisch und spanisch findet man öfter jemanden, der deutsch spricht.
In den vergangenen Jahren hat das Land als Reiseziel zugelegt – sehr beliebt sind vor allem Lissabon und Porto für Städtetrips sowie die Strände der Algarve. Aber auch der Tourismus auf dem Caminho Português, dem portugiesischen Jakobsweg, hat sich gesteigert. Alles andere sind zumeist weiße Flecken auf der Landkarte; die wenigsten verirren sich mal ins Landesinnere.

Das Land der großen Entdecker

Portugal musste sich als eigene Nation erst einmal finden und durchsetzen. Das geschah Anfang des 12. Jahrhunderts, als sich Afonso Henriques zum ersten König Portugals erklärte und die Unabhängigkeit ausrief. Ab dem 15. Jahrhundert wurde aus dem kleinen Königreich am Rande Europas eine Weltmacht und das reichste Land des Kontinents. Der »Vater« des Ganzen war Heinrich der Seefahrer, Sohn des portugiesischen Königs João I. Er förderte Entdeckungsreisen und die Seefahrt finanziell. Sein Ziel war es, einen Seeweg nach Indien zu finden – um die Westküste Afrikas herum. Zu seinen Lebzeiten wurden das Madeira-Archipel und die Azoren entdeckt, die noch heute zu Portugal gehören; die ganz großen Entdeckungen wurden aber später gemacht.
Zu den bekanntesten portugiesischen Seefahrern gehören Vasco da Gama, er war der erste Europäer, der Indien auf dem Schiff erreichte, und Ferdinand Magellan, auch wenn er seine Weltumsegelung unter spanischer Flagge durchführte und die Reise nicht überlebte.

← Die Ponte Dom Luis ist eine von sechs Brücken, die Porto mit Vila Nova de Gaia verbindet.
↑ An der Spitze des Denkmals der Entdeckungen in Belém steht Heinrich der Seefahrer.
↗ Warum Boca do Inferno »Höllenschlund« genannt wird, sieht man eindrucksvoll im Winter.

Das Land entdecken

Portugal unterteilt sich in sieben Regionen, zwei sind die beiden Inselgruppen Madeira und Azoren mitten im Atlantik, die anderen sind auf dem Festland. Im Norden des Landes entstand damals das Königreich Portugal. Hier, wo alles grün und fruchtbar ist, wachsen die Reben für den Portwein und den spritzigen Vinho Verde. Auch das Centro ist voll von Geschichte – hier gibt es eine riesige Templerburg –, ursprünglichen Landschaften und malerischen Bergdörfern. Die Region um Lissabon – mit Bergen und Stränden – war bei vielen Königshäusern und auch Hollywood beliebt. Vom Alentejo haben die wenigsten bisher gehört, dabei ist es die größte Region Portugals – knallblauer Himmel, endlose Weiten und weiße Sandstrände. Die Algarve hat nicht nur eine tolle Küste und Strände zu bieten, sondern auch so viel Kultur. Auch kulinarisch gibt es mehr zu entdecken als nur Pastel de Nata und den berühmten Portwein. In Portugal wird schon seit den Römern Wein erzeugt; die Auswahl und der Geschmack an Weinen ist so vielfältig wie das Land selbst.
Dieses Buch nimmt Sie mit auf eine Reise durch 60 Orte auf dem Festland sowie den Archipelen Madeira und Azoren im Atlantik, die es wert sind, sie zu entdecken.

Grit Schwarzenburg & Nicole Biarnés

WILLKOMMEN IN PORTUGAL

ÜBERRASCHENDES WISSEN

Portugal ist melancholisch wie der Fado und aufregend wie die brausenden Wellen des Atlantiks. Ein Land voller Naturschätze, ganz in Weiß, wenn die Mandelbäume blühen.

PORTUGAL IN ZAHLEN

Am südwestlichsten Zipfel Europas gelegen, hat Portugal eigentlich nur **zwei Grenzen**: Zu Lande trennt »a Raia« Portugal von seinem Nachbarn Spanien. Die im 12. und 13. Jahrhundert festgelegte Landesgrenze ist **eine der ältesten** in ganz Europa. Noch beeindruckender ist jedoch die Küste, die sich über **832 Kilometer** am Atlantik erstreckt. Rechnet man die Inseln mit, sind es sogar um die **1.800 Kilometer**. Die Vielfalt der portugiesischen Landschaft reicht von der schroffen Felsenküste bis hin zu sandigen Stränden, von den weiten Ebenen des Alentejo bis in die Berge der Serra da Estrela.

MIT 17,2 KILOMETERN

Länge ist die Ponte Vasco Da Gama, die nördlich von Lissabon über den Tejo führt, die längste Brücke in der Europäischen Union.

über 20 NATURPARKS

Obwohl Portugal mit **92.212 km² Fläche** ein relatives kleines Land ist, findet sich hier eine erstaunliche Vielfalt ganz unterschiedlicher Landschaften. Unter den mehr als 20 Naturparks und Naturschutzgebieten befinden sich sechs von der UNESCO ausgewiesene Bisophärenreservate und vier UNESCO-Geoparcs.

54 %

aller Naturkorken werden in Portugal hergestellt, mehr als nirgendwo sonst auf der Welt. Korkeichen wachsen in Portugal auf einer Fläche von rund **720.000 Hektar**, das ist rund ein Drittel der weltweiten Korkanbaufläche. Doch Flaschenkorken sind längst nicht alles, was dieses nachwachsende Material kann.

17 UNESCO-WELTERBESTÄTTEN

liegen in Portugal. Dazu gehören u. a. das Hieronymuskloster und der Turm von Belém in Lissabon, das Kloster in Tomar, die Altstadt von Porto, die Universität von Coimbra, die Festungsstadt Elvas und die steinzeitlichen Felsmalereien im Vale do Côa.

VOR 290 JAHREN

eröffnete bereits die historische Livraria Bertrand in Lissabon erstmals ihre Pforten. 1732 von Pedro Faure gegründet, ist der kleine portugiesische Buchladen die älteste noch funktionierende Buchhandlung der Welt.

1.993 METER HOCH

ist der »Torre«, der höchste Berg auf dem portugiesischen Festland. Überragt wird der Gipfel in der Serra da Estrela nur vom Pico auf den Azoren, der stolze **2.351 Meter** misst.

BIG WAVES

Die Fischer nennen sie Witwenmacher, die Surfer nennen sie Monsterwaves: Bis zu 30 Meter hohe Wellen sind an der Atlantikküste Portugals keine Seltenheit. Der Weltrekord der höchsten je gesurften Welle liegt derzeit bei **26,21 Metern**. Bezwungen wurde diese Monsterwelle von dem deutschen Big Wave Surfer Sebastian Steudtner 2020 in Nazaré.

739,26 KILOMETER

weit zieht sich die Estrada Nacional 2 von Faro im Süden bis Chaves im Norden längs durch ganz Portugal. Da die in den 40er-Jahren als Verbindungsachse zwischen Norden und Süden angelegte Nationalstraße nicht durch Lissabon führt, entwickelte sie sich nicht wie erwartet zu einer wichtigen Verkehrsader. Stattdessen wird die R2, die in weiten Teilen einer alten Römerstraße folgt, gern als »historische Straße« genutzt, um typische Dörfer und Landschaften Portugals kennenzulernen.

Das malerische Tal des Douro im Norden Portugals ist bekannt für seinen Wein, der hier auf steilen Terrassen entlang des Flusses wächst.

NORTE

Portugals Wiege –
wilde und grüne Landschaft
zwischen Douro und Minho

1

VALENÇA – VERTEIDIGERIN PORTUGALS

DIE EIFFELBRÜCKE, DIE KEINE IST

Schon immer war der kleine Ort an der portugiesischen Grenze die letzte Bastion. Wie sonst lässt sich sein Aussehen erklären: Valença ist eine riesige Festung. Die nächste Stadt ist nur einen Steinwurf entfernt – es trennt sie aber eine Grenze und eine Stunde.

Valença ist ein malerisches Städtchen mit verwunschenen Gassen, das aus einer anderen Zeit zu kommen scheint. Bekannt ist der Ort für die traditionellen bestickten Textilien, die es hier zu kaufen gibt, die erhöhte Lage am Grenzfluss Minho und die mächtige Hügelfestung.
Auch wenn der Ort eher klein ist: Valença nimmt eine wichtige Rolle in der portugiesischen Geschichte ein. Bereits die Römer errichteten hier direkt am Minho eine Grenzfestung, das Castrum Tydis. Mit der Gründung des Königreichs Portugal im 12. Jahrhundert ließ König Sancho I. Festungsmauern errichten, zur Verteidigung gegen die benachbarten Spanier im Kampf um die Unabhängigkeit. Da hieß der Ort »Contrasta«. Auf der nördlichen Flussseite war schon damals das galicische Tui. Unter der Regierung von Sanchos Enkel, König Afonso III., erhielt Valença dickere Mauern und den heutigen Namen. Außerdem ordnete er an, dass zu ihrem Schutz alle Menschen innerhalb der Stadtmauern leben sollten. Im Laufe der Jahrhunderte wurden die Mauern immer wieder verstärkt. Das heutige Aussehen erhielt die Festungsanlage (Fortaleza) im 17. Jahrhundert im Restaurationskrieg. Konzipiert wurde sie von dem französischen Militäringenieur Miguel de l'Ècole und seinem Schüler Manuel Pinto de Vilalobos. Sie ist 50 Hektar groß, hat einen Umfang von fünf Kilometern und die Form eines Sternes. Eigentlich sind es zwei Festungen, die durch die Porta do Meio miteinander verbunden sind. Heute gilt die Fortaleza als Juwel der Militärarchitektur und wartet auf einen Eintrag in die Liste des UNESCO-Weltkulturerbes. Von den Mauern aus hat man den wohl besten Panoramablick über die Flusslandschaft des Minho und die Altstadt des benachbarten Tui in Galicien.

Über eine Brücke muss man gehen

Von Valença aus kann man einen Abstecher nach Tui machen, zum Sightseeing oder um kleine, süße Mandelfische aus dem »Mosterio da Concepción de Santa Clara« zu probieren. Die Nonnen des Klarissenklosters bereiten seit mehr als 500 Jahren diese »Pececitos« genannte Nascherei zu.
Dorthin gelangt man seit Ende des 19. Jahrhunderts über die Internationale Brücke, die Ponte Internacional Valença-Tui – entweder zu Fuß, per Bahn oder mit dem Auto. Die historische Gitterträgerbrücke ist 318 Meter lang und ein Wahrzeichen der Region. Fälschlicherweise wird sie oft als Eiffelbrücke bezeichnet, dabei stammt sie jedoch von dem spanischen Architekten Pelayo Mancebo y Ágreda. Überschreitet man die Brücke in Richtung Norden, also Richtung Galicien, verliert man eine Stunde, denn in Spanien herrscht im Gegensatz zu Portugal mitteleuropäische Zeit.

INFO

TRAUMSTRÄNDE

Rund 30 Kilometer westlich von Valença, genau an der Mündung des Grenzflusses Minho, liegt ganz malerisch Portugals nördlichster Küstenort: Caminha. Nach Spanien gelangt man von hier aus nur per Fähre. Die Altstadt mit den hellen Häusern mit den roten Dächern entfaltet sich um die kreisförmige Praça Conselheiro Silva Torres mit ihrem schönen Renaissance-Brunnen und den einladenden Cafés. Die markantesten Gebäude sind der Torre do Relógio, der auch Uhrenturm heißt, nachdem 1637 eine Uhr angebracht wurde, und die gotische Igreja Matriz, eine der wichtigsten Kirchen Nordportugals. Sehenswert ist hier besonders die Decke aus Kastanienholz im Mudéjarstil.
Verlockend sind aber vor allem die wunderschönen Strände: Direkt am Fluss befindet sich die ruhige und windstille Praia da Foz do Minho und entlang der Atlantikküste Richtung Süden warten die feinsandigen Strände Praia de Caminha und Praia de Moledo sowie die Praia de Vila Praia de Âncora.

WEITERE INFORMATIONEN

visitvalenca.com
cm-caminha.pt

↖ Von Valença aus wurde die Unabhängigkeit Portugals verteidigt. Die Festung in ihrer heutigen Form gibt es seit dem 17. Jahrhundert.
↑ Hier entlang führt auch der portugiesische Jakobsweg.

2

VIANA DO CASTELO – SCHMUCKSTÜCK DES NORDENS

SEEFAHRER UND FLAMMENDE HERZEN

Nicht viele Ortsfremde verirren sich in das alte Fischerdörfchen im Norden Portugals. Dabei gehört Viana do Castelo mit dem malerischen Zentrum und der prachtvollen Basilika, die über allem thront, zu den hübschesten Städten des Landes.

Auf der nördlichen Flussseite des Lima liegt Viana do Castelo. Schon von Weitem ist das Wahrzeichen der Stadt auf dem Hausberg sichtbar: die imposante Igreja de Santa Luzia, eine der schönsten Kirchen Portugals. Man gelangt mit dem Auto, zu Fuß oder seit 1923 auch mit dem Elevador de Santa Luzia, der längsten Standseilbahn Portugals, zu ihr hinauf. Weniger als sieben Minuten braucht der Elevador für die Strecke von 650 Metern. Die Basilika der heiligen Luzia ist eine Wallfahrtskirche im neobyzantinischen Stil mit einer überdimensionierten Kuppel, auf die man hinaufsteigen kann. Die wunderschönen Rosettenfenster sind die größten der Iberischen Halbinsel und die zweitgrößten Europas. Es heißt, die Architekten hätten sich von Sacré Coeur in Paris inspirieren lassen. Fertiggestellt wurde die Kirche erst 1959, nachdem bereits 1904 mit dem Bau begonnen worden war. Vom Berg und von der Kuppel aus hat man einen fantastischen Panoramablick auf die Altstadt, die Küste und das Meer, die Mündung des Lima in den Atlantik sowie die grüne Hügellandschaft. Laut »National Geographic« (im Jahr 1927) bietet sich hier der drittschönste Ausblick der Welt. In direkter Nähe zur Basilika befinden sich die Ruinen einer alten Castro-Siedlung, der Citânia de Santa Luzia, die bis ins 4. Jahrhundert bewohnt war und besichtigt werden kann.

Fetter Fang vor Neufundland

Gegründet Mitte des 13. Jahrhunderts, wurde Viana do Castelo weniger als zweihundert Jahre später zu einem der geschäftigsten Häfen, von denen die portugiesischen Entdeckungsreisen starteten. Einige erfolgreiche Seefahrer waren Söhne der Stadt. Einer von ihnen, João Álvares Fagundes, machte mehrere Expeditionen nach Neufundland und Nova Scotia. Dort gab es damals die größten Kabeljaufischgebiete; die ertragreichen Fangfahrten machten die kleine Stadt reich. Auch heute noch ist getrockneter Kabeljau bzw. Bacalhau das Nationalgericht Portugals. 1955 wurde hier im Schiffswerk ein komplett eingerichtetes Krankenhausschiff gebaut, das bis 1973 die portugiesischen Kabeljaufischer vor Neufundland begleitete. Benannt wurde es nach einem portugiesischen Seefahrer aus dem 15. Jahrhundert, Gil Eannes. Die Heimatstadt rettete es 1998 vor dem Abwracken, seitdem liegt es als Museumsschiff im Hafen. Besonders die malerische Altstadt spiegelt den einstigen Reichtum wider. Mittelpunkt ist die Praça da República, die als einer der schönsten Plätze des Landes gilt – mit gotischem Rathaus, einem Renaissance-Brunnen und der Barockkirche Igreja da Misericórdia.

INFO

FILIGRANER GOLDSCHMUCK

Im Stadtzentrum befindet sich das Museu do Traje, in dem traditionelle Trachten zu sehen sind. Bei den jährlichen Prozessionen ist es üblich, solche Trachten zu tragen. Dazu gehört hier im Norden Portugals auch handgearbeiteter Goldschmuck in rauen Mengen – von Ohrringen bis hin zu etwa zweieinhalb Kilo schweren Ketten. Je mehr, desto höher der soziale Stand. Der Filigranschmuck wird aus fein gewebten Gold- oder mittlerweile auch Silberfäden hergestellt und ist oft religiös inspiriert. Am bekanntesten und beliebtesten ist das Viana-Herz, auch als »flammendes Herz Jesu« bezeichnet. Wo genau der Ursprung dieser Filigrankunst liegt, ist nicht sicher verifizierbar. Wahrscheinlich entstand sie schon unter den Kelten und wurde dann von den Mauren beeinflusst. Meist sind es kleine Familienbetriebe, die diese Kunst der Filigrantechnik noch beherrschen. Üblicherweise werden die Schmuckstücke von Generation zu Generation weitervererbt.

WEITERE INFORMATIONEN

cm-viana-castelo.pt
templosantaluzia.org
patrimoniocultural.gov.pt

← Früher hieß die Stadt »Viana da Foz do Lima«, weil sie an der Flussmündung des Lima liegt.
↑ Die Gil Eannes war das erste portugiesische Hospitalschiff.

3

PONTE DE LIMA – HEIMAT DES VINHO VERDE

ÄLTESTE STADT PORTUGALS

Gelegen am mythologischen Fluss des Vergessens und im Herzen der Weinbauregion des berühmten Vinho Verde ist Ponte de Lima die älteste Stadt Portugals. Namensgeberin ist eine Brücke, die bereits von den Römern erbaut wurde.

Direkt am Fluss Lima, rund 80 Kilometer nördlich von Porto, liegt das Städtchen Ponte de Lima. Noch bevor das Königreich Portugal gegründet wurde, verlieh Teresa de Leão, die Mutter des ersten portugiesischen Königs, im Jahr 1125 dem Ort das Stadtrecht. Hier im regenreichen Nordwesten Portugals, zwischen den Flüssen Douro und Minho, wächst ein ganz besonderer Wein: der berühmte Vinho Verde. Der »grüne Wein« ist zu 85 Prozent ein Weißwein, es gibt ihn aber auch als Rosé oder Rotwein. 45 Rebsorten sind für den Vinho Verde zugelassen. Sein Name leitet sich von seiner grünen Heimat und seiner Charakteristik ab. Er hat einen Alkoholgehalt von unter 11 Volumenprozent und schmeckt leicht prickelnd – ein idealer Wein für den Sommer. Damit die Reben vor der Feuchtigkeit, aber auch vor zu großer Hitze geschützt sind, wachsen sie an zwei Meter hohen Pergolen.

Für die Ewigkeit gebaut

Den Fluss Lima überspannt eine imposante und wunderschöne Bogenbrücke, das Wahrzeichen der Stadt. Teile davon sind bereits mehr als 2.000 Jahre alt und wurden von den Römern geschaffen. Als 137 v. Chr. römische Soldaten hier ankamen, dachten diese, dass es sich um die Lethe, den mythologischen Fluss des Vergessens, handelt. Sie weigerten sich, ihn zu durchqueren, aus Angst, ihr Gedächtnis zu verlieren. Erst als ihr Heerführer Decimus Iunius Brutus durchs Wasser ritt und vom anderen Ufer aus alle Soldaten beim Namen rufen konnte, folgten sie ihm. An diese Legende erinnern seit 2009 lebensgroße Figuren. Die römische Brücke (Ponte) war bis ins Mittelalter der einzige sichere Übergang und von strategischer Bedeutung. Im 14. Jahrhundert mussten etliche Rundbögen dazugebaut werden, da sich das Flussbett verlagert hatte.

Direkt an die Brücke grenzt die historische Altstadt mit dem zentralen Platz, dem Largo de Camões. Groß ist das Städtchen nicht, aber es bietet prächtige Herrenhäuser und Plätze aus unterschiedlichen Stilepochen – von Romanik über Gotik, Manuelinik und Barock bis hin zum Neoklassizismus. Von der einstigen Stadtmauer sind das Stadttor Porta Nova sowie die beiden Wachtürme Torre de São Paulo und Cadeia Velha erhalten geblieben.

Etwas neueren Datums ist die internationale Gartenschau, das Festival Internacional de Jardins de Ponte de Lima. Seit 2005 findet sie immer im Sommerhalbjahr statt. Dafür gestalten nationale und internationale Landschaftsarchitekten verschiedene Gärten direkt am Lima.

INFO

GUTER WEIN, GUTES ESSEN

Passend zum »grünen Wein« kann man hier gut speisen. Die urige »Taverna Vaca das Cordas« unweit des Largo de Camões tischt bereits seit 2005 typisch portugiesische Gerichte auf. Auf der Speisekarte stehen Kabeljau nach Art des Hauses, gegrillter Oktopus, Fleisch aus der Region, aber auch verlockende Desserts.

In der Nähe des Spielzeugmuseums befindet sich das kleine, gemütlich eingerichtete Restaurant »Petiscas«, das im Guide Michelin aufgeführt ist. Es bietet ebenfalls traditionelle Gerichte und regionale Spezialitäten, z. B. Arroz de Sarrabulho à Moda de Ponte de Lima (Reis mit verschiedenen Fleischsorten) und Bacalhau com broa (Kabeljau mit Maisbrot). Ebenfalls im Guide Michelin verzeichnet ist das »A Carvalheira«, das Restaurant der Quinta do Eido Velho, mit traditioneller Küche wie dem Cabrito assado (Zickleinbraten).

WEITERE INFORMATIONEN

visitepontedelima.pt
tavernavacadascordas.com
restaurante-petiscas.business.site
acarvalheira.com

↖ Als Teresa de Leão Ponte de Lima das Stadtrecht verlieh, gehörte der Ort zur Grafschaft Portucale.
↑ Seit 1908 ist der Vinho Verde herkunftsgeschützt.

4

BARCELOS – AUF DEM JAKOBSWEG

HEIMAT DES PORTUGIESISCHEN HAHNES

Die kleine Stadt ist vor allem bekannt für den Galo de Barcelos, den portugiesischen Hahn, und die Legende um dieses Nationalsymbol. Aber auch für Kunsthandwerk, Keramikgegenstände und den größten Wochenmarkt Portugals ist Barcelos berühmt.

Barcelos wurde im 12. Jahrhundert gegründet, im Zeitalter von Dom Afonso Henriques, dem ersten König Portugals, und zählt damit ebenfalls zu den älteren Städten. Sie liegt oberhalb des Flusses Cávado, den eine fünfbögige Steinbrücke aus dem 14. Jahrhundert überspannt. Blickfang ist ein Hügel mit den Ruinen des Palastes der Grafen von Barcelos, Paço dos Condes, aus dem 15. Jahrhundert. Heute ist hier ein archäologisches Freiluftmuseum untergebracht. Die hübsche historische Altstadt beherbergt Gebäude aus verschiedenen Stilepochen, von der Romanik bis hin zum Neoklassizismus. Wenn man durch die Gassen schlendert, fühlt man sich zurückversetzt ins Mittelalter. Früher umgab das Städtchen eine Stadtmauer, davon erhalten ist noch der Torre da Porta Nova. In dem Turm ist das Kunsthandwerkszentrum untergebracht. Und: Barcelos ist schon seit vielen Jahrhunderten Station auf dem portugiesischen Jakobsweg.

Hauptstadt des Handwerks

Einst war ein Pilger unterwegs nach Santiago de Compostela. Zur gleichen Zeit geschahen in Barcelos einige Verbrechen. Der Pilger kam den Menschen hier gerade recht; obwohl er seine Unschuld beteuerte, wurde er für schuldig bekannt und verurteilt. Er bat um ein letztes Gespräch mit dem Richter. Der wollte gerade einen gebratenen Hahn verspeisen. Der Pilger prophezeite ihm, wenn das Urteil vollstreckt und er gehängt werde, würde der Hahn krähen – als Beweis für seine Unschuld. Und so traf es ein. Der Pilger war frei und durfte seines Weges ziehen. Seitdem gilt der Galo de Barcelos als Glücksbringer und ist mittlerweile ein Nationalsymbol Portugals.
Heute findet man überall in Barcelos riesige bunte Hähne, zum Teil aus Keramik. Das Töpfern hat hier eine lange Tradition und sogar ein eigenes Museum. Das Museu de Olaria ist mit 9.000 antiken und zeitgenössischen Ausstellungsstücken das bedeutendste und größte seiner Art in Portugal. Neben dem bekannten Hahn stechen vor allem die Werke von Rosa »Ramalho« hervor, die 1888 in der Gemeinde Barcelos geboren wurde. Die berühmteste Keramikkünstlerin schuf kleine, fantasievolle Figuren aus Ton.
Barcelos ist das Zentrum der portugiesischen Töpferei. Wer Keramik oder Tonfiguren erwerben möchte, bekommt diese beispielsweise auf der Feira de Barcelos. Der Wochenmarkt auf dem Campo da Répubica findet immer donnerstags statt und gehört zu den ältesten (seit 1412) sowie größten in Europa. Die Einheimischen nutzen den Wochenmarkt eher zum Kauf von regionalen Lebensmitteln.

INFO

PORTUGIESISCHE KACHELN

Überall in Portugal sind sie zu finden, entweder außen an den Gebäuden oder im Inneren: die Azulejos, blau-weiße oder bunte Keramikkacheln. Die Mauren brachten diese Kunst mit auf die Iberische Halbinsel; auch der Name ist arabischen Ursprungs und bedeutet »kleiner polierter Stein«. Sehenswerte Exemplare gibt es in Barcelos in der Kirche Templo do Senhor do Bom Jesus da Cruz und in der benachbarten Nossa Senhora do Terço. Erstere stammt aus dem beginnenden 18. Jahrhundert und ist mit ihren dicken Granitwänden und weißen Kalkelementen sehr typisch für den Norden Portugals. Im Inneren der achteckigen Kirche sind riesige Azulejos zu sehen, die der bekannte Künstler João Neto geschaffen hat. Noch beeindruckender sind die Keramikkacheln in der von außen eher schlichten Nossa Senhora do Terço. Der komplette Innenraum ist mit ihnen getäfelt. Gezeichnet wurden sie von António de Oliveira Bernardes und zeigen das Leben des heiligen Benedikt.

WEITERE INFORMATIONEN

cm-barcelos.pt
museuolaria.pt

← Die Barockkirche Bom Jesus da Cruz ist bekannt für ihre achteckige Form und die Azulejos.
↑ Heute ist der Hahn ein beliebtes Souvenir.

5

BRAGA – EIN MEER AUS KIRCHEN

DAS PORTUGIESISCHE ROM

Braga ist die drittgrößte Stadt des Landes. Zweitausend Jahre Geschichte, mehr als dreißig Kirchen in der barocken Altstadt – aber alt und verstaubt ist sie nicht. Vierzig Prozent der Bevölkerung sind unter dreißig Jahre jung.

Als Erstes fällt einem natürlich die Vielzahl an Kirchen in der nordportugiesischen Stadt auf. Davon sollte sich aber niemand abschrecken lassen, nach Braga zu kommen. Studierende und Geschäftsleute prägen ebenfalls das Stadtbild und hauchen der altehrwürdigen Stadt Leben ein. Braga wurde 16 v. Chr. von den Römern als Bracara Augusta gegründet und zur Hauptstadt der nördlichen Iberischen Halbinsel. Bis heute finden sich Reste von römischen Bauten. Die historische Altstadt erstreckt sich zwischen dem Stadttor Porta Nova und der Praça da República. Mittendrin die Sé de Braga, das Wahrzeichen der Stadt. Sie ist die älteste Kathedrale Portugals. Im 12. Jahrhundert ließen die Eltern des ersten portugiesischen Königs, Dom Afonso Henriques, das Gotteshaus errichten. Ihre Sarkophage stehen in der Capela dos Reis (Königskapelle) in der Sé. Die Kirche wurde zwar im romanischen Stil erbaut, das Dach und die beiden filigran verzierten Türme sind jedoch manuelinisch, der Altar und die Doppelorgel stammen aus dem Barock. Überall in der Stadt verteilt gibt es idyllische Gärten und Parks, wie den Jardim de Santa Bárbara aus dem 17. Jahrhundert direkt am mittelalterlichen Bischofspalast Antigo Paco Episcopal.

Die erhabene Basilika

Hauptanziehungspunkt Bragas ist das Santuário do Bom Jesus do Monte, der beliebteste Wallfahrtsort des Landes nach Fátima. Das Heiligtum befindet sich in einem 26 Hektar großen Park auf dem Monte Espinho, von wo aus man einen eindrucksvollen Blick auf die Stadt hat. Hinauf geht es zu Fuß, mit dem Auto oder in nur drei Minuten mit der weltältesten Standseilbahn, die mit Wasserballast betrieben wird. Sie stammt aus dem Jahr 1882.
Mittelpunkt der Anlage ist die neoklassizistische Basilika, die in ihrer heutigen Form zwischen 1784 und 1811 erbaut wurde. Bereits im 14. Jahrhundert wurde an dieser Stelle ein Holzkreuz errichtet. Zur Basilika führt eine imposante barocke Freitreppe: weiß gekalkt und aus Granit. Im Zickzack geht es fast 600 Stufen hinauf – vorbei an Springbrunnen, Blumenbeeten, Barockstatuen und Kapellen, die den Leidensweg von Jesus symbolisieren. Seit Juli 2019 ist das Heiligtum Bom Jesus UNESCO-Weltkulturerbe.
Nicht weit entfernt, aber ein Stückchen weiter oben befindet sich noch eine Wallfahrtskirche, Santuário de Nossa Senhora do Sameiro – eines der meistbesuchten Marienheiligtümer des Landes. Diese Basilika entstand Mitte des 19. Jahrhunderts; beeindruckend ist vor allem die weiße Kuppel.

INFO

WANDERN, WASSERFÄLLE, WILDPFERDE
Im äußersten Nordosten Portugals, direkt an der Grenze zu Spanien, liegt der Parque Nacional da Peneda-Gerês – ein Geheimtipp. Gegründet wurde der rund 700 Quadratkilometer große Park 1971 und er ist bis heute das einzige als Nationalpark klassifizierte Schutzgebiet des Landes. Fast unberührte Landschaft gibt es hier mit Bächen und Flüssen, Wasserfällen, Seen, Aussichtspunkten und idyllisch gelegenen Bergdörfern. Man kann wandern, schwimmen, Kanu fahren oder Canyoning-Touren machen – und mit Glück Tiere beobachten. In den abgelegenen Bergen leben iberische Wölfe, kleine Wildpferde (Garranos) und Rinder der Barrosã-Rasse sowie Castro-Laboreiro-Hunde, die die Rinder hüten. Einer der schönsten Wanderwege ist der Trilho da Preguiça – vor allem wegen seiner Aussichtspunkte. Höchster Berg des Parks ist mit 1.545 Metern der Pico Nevosa, von dort aus hat man einen spektakulären Ausblick.

WEITERE INFORMATIONEN
cm-braga.pt
bomjesus.pt
se-braga.pt
juntasvictor.pt
webraga.pt

↖ Das Stadttor Porta Nova stammt aus dem 18. Jahrhundert.
↑ Oberhalb von Braga liegt das Santuário do Bom Jesus do Monte.

6

GUIMARÃES – GEBURTSORT PORTUGALS

ERSTE HAUPTSTADT DES KÖNIGREICHES

Die Wiege Portugals – so wird Guimarães genannt. In Portugal kennt die Stadt jedes Kind, außerhalb der Landesgrenzen ist sie ein gut gehüteter Schatz. Dabei steht sie seit 2001 auf der Liste des UNESCO-Weltkulturerbes.

Hier wurde Portugal geboren« (»Aqui nasceu Portugal«), steht auf der Stadtmauer von Guimarães. Kein anderer Ort ist so eng mit der Gründung des Landes verbunden wie dieser. Schließlich wurde hier 1109 Afonso Henriques, der erste portugiesische König, geboren. Seine Eltern waren Dom Henrique de Borgonha und dessen Frau Teresa de Leão. Zu ihrer Hochzeit hatten sie die Grafschaft Portucale erhalten und sich in Guimarães niedergelassen. Hier hatte die Gräfin Mumadona Dias bereits 958 bis 968 eine Burg als Schutz vor den Wikingern und Mauren errichten lassen. Henrique und Teresa ließen eine größere und besser geschützte Burg erbauen, in der später ihr Sohn geboren wurde. In der benachbarten Kapelle São Miguel soll er getauft worden sein. Afonso Henriques kämpfte später erfolgreich erst gegen seine Mutter und dann gegen die Mauren. Daraufhin erklärte er sich 1139 zum ersten König Portugals und die Unabhängigkeit vom Königreich Léon. Es dauerte noch bis 1143, bis die benachbarten Länder diese bestätigten. Guimarães wurde zur ersten Hauptstadt. Heute ist das Castelo das Wahrzeichen der Stadt. Dem ersten portugiesischen König wurde 1887 ein Denkmal geweiht – direkt vor dem benachbarten Paço dos Duques de Bragança. Der Palast der Herzöge von Bragança im Stil französischer Herrenhäuser stammt aus dem 15. Jahrhundert. Heute ist er einer der Sitze des portugiesischen Präsidenten.

Der Olivenbaum

Guimarães ist ein malerisches Städtchen – bestehend aus einem Labyrinth schmaler, gewundener Kopfsteinpflastergassen mit gut erhaltenen alten Häusern. Mit am schönsten sind aber die vielen zauberhaften Plätze, allen voran der Largo da Oliveira. Zu verdanken hat er seinen Namen einem Olivenbaum, der hier einst wuchs und angeblich erst durch ein neben ihm errichtetes Kreuz Blätter und Früchte trug – vermeintlich ein Wunder der Muttergottes. Mittlerweile wurde er durch einen neuen Olivenbaum ersetzt. Am Platz befindet sich auch die Igreja de Nossa Senhora da Oliveira, die ursprünglich ebenfalls die Gräfin Mumadona errichten ließ. Im Laufe der Zeit fanden immer wieder Um- und Anbauten statt. So stammt der Glockenturm im Stil der Manuelinik aus dem frühen 16. Jahrhundert. Nur einen Steinwurf entfernt ist die Praça de São Tiago mit Cafés, Restaurants – und einer auf dem Pflaster des Platzes eingravierten Jakobsmuschel. Eine der ältesten und vielleicht auch schönsten Straßen ist die Rua de Santa Maria, die zwischen der Burg und der »Olivenbaum«-Kirche verläuft.

INFO

HIMMLISCHER SPECK

In Guimarães gibt es traditionelle regionale Süßspeisen, die sich Nonnen irgendwann ausgedacht haben und man zumeist nur hier bekommt. Am bekanntesten: die Tortas de Guimarães, wohl Ende des 19. Jahrhunderts im ehemaligen Kloster Santa Clara entstanden, einst eines der wichtigsten und reichsten Klöster der Stadt – heute ist hier das Rathaus untergebracht. Das halbmondförmige Gebäck besteht aus Blätterteig, gefüllt mit Kürbiskonfitüre, Eiern und Mandeln. Nach dem Backen wird das Ganze kurz in Sirup getaucht, was den Küchlein eine knusprige Hülle verleiht.
Eine weitere Spezialität ist Toucinho do Céu, »himmlischer Speck«. Dieser intensiv gelbe Kuchen wird aus Eigelb und Zucker hergestellt und mit Puderzucker überzogen. Manchmal werden auch Mandeln und Kürbiskonfitüre hinzugefügt. Der Name entstand, weil ursprünglich Schmalz für die Zubereitung verwendet wurde.

WEITERE INFORMATIONEN

cm-guimaraes.pt
guimaraesturismo.com
pacodosduques.gov.pt

← Die Statue von Afonso Henrique, der das Königreich Portugal bis zu seinem Tod im Jahr 1185 regierte.
↑ In dem Castelo auf dem Monte Largo soll er geboren worden sein.

7

VILA DO CONDE – SCHIFFE UND SPITZE

ÜBERALL MEE(H)RWASSER

Das Seebad Vila do Conde lebte einst von der blühenden Schifffahrtsindustrie. Im 15. und 16. Jahrhundert wurden hier die Schiffe gebaut, die Portugal bei den Entdeckungsreisen und Eroberung der Welt halfen.

Dort, wo der Fluss Ave in den Atlantik mündet, liegt Vila do Conde – eingerahmt von eindrucksvollen Sandstränden. Als Erstes fällt einem wohl das gut erhaltene Granit-Aquädukt ins Auge, das die gesamte Stadt durchquert. Mit ursprünglich 999 Bögen auf einer Länge von ca. fünf Kilometern ist es das zweitgrößte Aquädukt Portugals. Entstanden ist es zwischen 1705 und 1714, um Wasser aus den Bergen bei Póvoa de Varzim in das Mosterio Santa Clara zu bringen. Das mächtige Kloster thront seit dem frühen 14. Jahrhundert auf dem Stadthügel und hatte von Anfang an Probleme mit der Trinkwasserversorgung. Hier sollten damals vor allem arme Adlige einen Zufluchtsort erhalten. In der Klosterkirche findet sich auf einem Sarkophag die wohl schönste Liebeserklärung. Dom Fernando de Meneses hielt für seine Frau Dona Brites de Andrade fest: »Denn, meine Dame, ich kann nicht anders, als Ihnen zu dienen, Sie zu lieben und um Ihretwillen zu sterben.« Mit dem Tod der letzten Nonne wurde das Kloster Ende des 19. Jahrhunderts aufgelöst.

Portugiesische Weltmacht

Ihren Höhepunkt hatte die Stadt im sogenannten »Goldenen Zeitalter« – während der Herrschaft von Dom Manuel I. (1495–1521), als Portugal die mächtigste Seefahrernation war. Damals, 1498, hatte Vasco da Gama den Seeweg nach Indien entdeckt – einmal um Afrika herum – und zwei Jahre später erreichte Pedro Alvares Cabral Brasilien. Der portugiesische König Manuel I. machte 1502 auf seiner Pilgerreise nach Santiago de Compostela in Vila do Conde Station. Er erkannte die ideale Lage des Ortes direkt am Ozean. Von da an sollten hier in den Werften die meisten Schiffe gebaut werden, mit denen es damals nach Afrika zu den Stützpunkten und Handelsorten und um die ganze Welt ging. Ein originalgetreuer Nachbau eines der Schiffe, eine sogenannte Nao, gehört zum Museu da Construção Naval an der Uferpromenade und kann besichtigt werden. Da sie größer als eine Karavelle war, konnte auf ihr mehr Fracht bei langen Seereisen mitgenommen werden.
Während der Regierungszeit von Dom Manuel I. entstand auch ein neuer Architekturstil: die Manuelinik, eine Form der Spätgotik. Die Gebäude wurden filigran verziert mit maritimen Ornamenten und typischen Motiven aus den neuen Ländern. Dazu gehört auch die Fassade der Igreja Matriz de São João Baptista in der Stadtmitte von Vila do Conde. Die Pfarrkirche mit ihrem mächtigen Glockenturm ist Johannes dem Täufer gewidmet.

INFO

WUNDERSCHÖNE SPITZENKUNST
Vila do Conde ist das Zentrum für traditionelle Klöppelspitze, Rendas de Bilros. Das Handwerk entwickelte sich hier im 16./17. Jahrhundert und hat sich bis heute gehalten. Es kam wahrscheinlich durch Händler oder Seeleute nach Vila do Conde, die waren europaweit per Schiff unterwegs. Das Meer liefert auch viele Motive für die hiesige Spitze. Sie ist so besonders, dass sie es 1867 sogar auf die Weltausstellung in Paris schaffte. Die Bronzestatue einer klöppelnden Frau an der Uferpromenade huldigt dem Kunsthandwerk. Wer Klöpplerinnen bei ihrer »Spitzen«-Arbeit sehen will, kann das im 1991 eröffneten Museum. Gezeigt werden dort auch alte Spitzen aus Europa und sogar Brasilien. Ein Stück schaffte einen Guinness-Rekord: Es besteht aus 440 Quadraten, die 30 mal 30 Zentimeter groß sind und von Frauen unterschiedlichen Alters geklöppelt wurden.

WEITERE INFORMATIONEN
viladoconde.com
cm-viladoconde.pt
visitviladoconde.pt
rendasdebilros.com

↖ Auch Kolumbus' Flaggschiff, die Santa Maria, war eine Nao, wie sie hier im Museumshafen von Vila do Conde liegt.
↑ 1919 wurde in der Stadt eine Klöppelschule eröffnet, die noch heute existiert.

8

MATOSINHOS – VOR DEN TOREN VON PORTO

ENTLANG DER GRÜNEN KÜSTE

Sie ist die Hauptstadt der Fischkonserven: Matosinhos. Seit mehr als hundert Jahren werden hier Sardinen und auch Thunfisch haltbar gemacht. Außerdem beginnt hier einer der einsamsten und schönsten Küstenabschnitte Portugals: die Costa Verde.

Lässt man Porto hinter sich und begibt sich Richtung Atlantik, erreicht man erst den Badeort Foz do Douro und dann die Hafenstadt Matosinhos. Die Mündung des Douro in das Meer ist nicht weit entfernt. Hier nimmt die Costa Verde, die grüne Küste, ihren Anfang. Bis zum Minho an der spanischen Grenze erstreckt sie sich auf gut hundert Kilometern. Genannt wird die Küstenregion so, weil sie besonders vegetationsreich ist: Hier wächst auch der Vinho Verde, der grüne Wein. Das Tolle: Diese Gegend ist nicht stark frequentiert und bietet viel unberührte Landschaft. Blaues Meer und kilometerlange weiße Sandstrände – einsam und ursprünglich – werden eingerahmt von Wäldern und grünen Bergen. Als die schönsten Strände gelten die zwischen Vila do Conde und Viana do Castelo. Aber auch der breite Sandstrand von Matosinhos ist beliebt und bietet gute Surfbedingungen.

Baudenkmäler im Wandel der Zeit

Früher ein Fischerdörfchen ist Matosinhos heute bekannt als »Stadtstrand« Portos, für seine Küche frisch aus dem Meer, als Hafenstadt – und als Wallfahrtsort. Seit dem 16. Jahrhundert pilgern die Menschen zur Igreja do Bom Jesus. In der Kirche wird das Bildnis des »guten Jesus« aufbewahrt, das seit Jahrhunderten von den Menschen hier verehrt wird. Die Pfarrkirche ist das wichtigste Baudenkmal der Stadt: Ursprünglich konzipiert von dem bedeutenden Architekten João de Ruão, wurde die Kirche mehrmals verändert und ergänzt – z. B. durch vergoldete Holzschnitzarbeiten am Altar. Die heutige Gestalt mit der Fassade im Stil des Barock erhielt sie ab 1743 durch den Italiener Nicolau Nasoni. Dieser entwarf auch die Quinta do Chantre in Leça do Balio, die Sommerresidenz des Stiftsherrn der Kathedrale von Porto. Sehenswert sind dort das eiserne Haupttor und die barocken Gärten mit den Skulpturen.

Einer der wichtigsten zeitgenössischen Architekten Europas ist Álvaro Siza Vieira, geboren und aufgewachsen in Matosinhos. Er entwarf in den 1960er-Jahren das Meeresschwimmbad, Piscinas de Marés. Die beiden Becken wurden geschickt in die schroffen Felsen integriert. Außerdem war er auch für das Boa Nova Teehaus zuständig, das ebenfalls direkt an der Küste liegt und in dem heute das Restaurant »Casa de Chá de Boa Nova« untergebracht ist. Durch die riesigen Fenster hat man einen fantastischen Blick aufs Meer. Gute Anlaufpunkte für frischen Fisch und Meeresfrüchte wie gegrillte Sardinen, sardinhas grelhadas, sind der Mercado Municipal oder die Restaurants in der Rua Heróis de França.

← Die Pergola ist Teil des Strandabschnittes zwischen Matosinhos und Foz.

INFO

FISCHKONSERVEN

Eines der beliebtesten Mitbringsel aus Portugal sind Sardinen in bunten Vintage-Dosen, für die es sogar eigene Läden gibt. Die Fischkonservenindustrie ist eine der ältesten im Land und ein Stück weit Kultur. Bereits zu Zeiten der Römer wurde begonnen, Fisch haltbar zu machen. Die Sardinen wurden gesalzen, mariniert oder geräuchert genossen. Heute gibt es in Matosinhos zwei der bekanntesten Firmen für Fischkonserven – mit »Ramirez« sogar die älteste der Welt. 1853 an der Algarve gegründet, bezog das Unternehmen bald im Norden seinen Hauptsitz. 1920 wurde der renommierte Betrieb »Pinhais & Cia« gegründet, der noch immer im Familienbesitz ist. Die meisten Arbeitsschritte werden hier per Hand erledigt, wie das Einlegen in Olivenöl, das aus eigenen Hainen im Trás-os-Montes stammt. Wahrscheinlich durch Überfischung ist das Sardinen-Geschäft in den letzten Jahren eingebrochen, von den Fabriken sind nicht mehr so viele wie früher übrig.

WEITERE INFORMATIONEN

conservaspinhais.com
ramirez.pt
casadechadaboanova.pt

Die berühmten portugiesischen Sardinendosen.

9

VILA NOVA DE GAIA – PORTOS KLEINE SCHWESTER

DIE STADT DER PORTWEINKELLER

Nicht in Porto, sondern auf der anderen Flussseite in Vila Nova de Gaia, sind die berühmten Portweinkellereien ansässig – durch die man sich durchtesten kann. Vom südlichen Ufer aus hat man den besten Blick auf Porto, das Postkartenmotiv, und kann darüber hinaus unendlich viele Dinge entdecken – in der Geburtsstadt von Magellan.

Von Porto aus ist es nur ein Katzensprung auf die andere Seite des Douro. Die meisten nehmen dafür die Ponte Dom Luís I., die bekannteste der insgesamt sechs Brücken, die hier über den Fluss führen. Diese Fachwerk-Bogenbrücke wurde von dem Belgier Théophile Seyrig konstruiert, ein ehemaliger Kompagnon von Gustave Eiffel. Seit 1886 verbindet die Ponte Dom Luís I. die Orte Porto und Vila Nova de Gaia miteinander. Sie hat zwei Ebenen: eine in 10 Metern Höhe über dem Wasser für den Straßenverkehr und die andere in 68 Metern Höhe für die Bahn. Je nachdem, welche Ebene man zu Fuß benutzt, entscheidet, was man sich zuerst in Vila Nova de Gaia anschaut. Aber immer hat man einen fantastischen Blick auf Porto mit dem beeindruckenden Stadtensemble. Wie die bunten alten Häuser der Ribeira, dem alten Stadtviertel am Ufer des Douro, wilddurcheinander den Hügel hinaufklettern und überall imposante Prachtbauten, wie die Kathedrale oder der Bischofspalast, durchblitzen. Seit 1996 ist die Altstadt von Porto UNESCO-Weltkulturerbe, zusammen mit der Ponte Dom Luís I. und der ehemaligen Klosteranlage Mosteiro da Serra do Pilar in Gaia.

Historische Bauten und moderne Streetart

Das Kloster aus dem 16. Jahrhundert thront auf einer felsigen Anhöhe und sieht nicht nur beeindruckend aus, sondern bietet auch einen solchen Blick auf den Douro und Porto. Sowohl die Kirche als auch der Kreuzgang sind kreisförmig errichtet. Gegenüber befindet sich der Jardim do Morro; in dem 1927 angelegten Park findet jeder einen ruhigen Platz – Panoramablick inklusive. Direkt daneben ist die Bergstation des Teleférico de Gaia. Mit der Seilbahn geht es seit 2011 innerhalb von fünf Minuten hinab zur Uferpromenade im historischen Zentrum von Gaia, immer am Douro entlang. Den Ausblick gibt es gratis dazu.

Es gibt noch mehr zu sehen: Wie wäre es mit ein bisschen Streetart? Porto gehört zu den top Straßenkunst-Städten Europas. Eine Hausecke in Gaia, an der Ecke Rua Guilherme Gomes Fernandes/Rua Dom Afonso III., ist geschmückt mit einem riesigen, bunten Schrotthasen. Geschaffen wurde er von dem Lissaboner Künstler Bordalo II., der auch in Berlin seine Spuren hinterlassen hat. Nicht weit entfernt, an der Treppe Escadaria da Travessa de Cândido dos Reis, hat das Künstlerkollektiv Artesemdomo eine ganze Szenerie aus Häusern und Müllmännern festgehalten.

Um das historische Zentrum zu entdecken und zu genießen, sollte man sich einfach treiben lassen – durch die engen Gassen und die Uferpromenade entlang des Douro.

→ Sowohl Porto als auch Vila Nova da Gaia werden vom Douro geprägt, der hier in den Atlantik mündet.

Dort liegen die hölzernen Barcos Rabelos, die alten Weinschiffe, auf denen früher die Portweinfässer aus dem Douro-Tal zu den hiesigen Portweinkellereien transportiert wurden. Heute werden sie mit dem Lkw geliefert.

Zentrum des Portweins

Flussaufwärts des Douro-Tals liegt das älteste Weinbaugebiet Europas – schon die Römer kelterten hier vor 2.000 Jahren. Es ist die erste herkunftsgeschützte Weinregion der Welt und seit 2001 ist sie UNESCO-Weltkulturerbe. Der berühmte Portwein hat im Alto Douro seine Heimat; er darf nur aus den zumeist roten Trauben, die dort wachsen, produziert werden. Es ist eine wunderschöne Landschaft: grüne, terrassenförmig angelegte Weinberge entlang des Douro. Doch sie sind für Maschinen zu steil und so muss der Wein von Hand geerntet werden. Und bis heute werden die Trauben traditionell mit den Füßen gestampft. Seinen typischen Geschmack erhält Portwein durch Weinbrand, der während der Gärung zugesetzt wird, damit diese stoppt. Dadurch liegt der Alkoholgehalt auch bei rund 20 Volumenprozent. Doch damit ist der Portwein noch nicht fertig: Jetzt kommt er für mindestens zwei Jahre in Eichenfässer, die in den kühlen, feuchten Kellern in Gaia gelagert werden. Es herrschen ideale Bedingungen, deswegen ließen sich Portweinproduzenten Anfang des 18. Jahrhunderts hier nieder. Heute sind die Kellereien, wie Ferreira, Poças, Sandeman, Taylor's, Porto Cruz, Kopke, Graham's, Croft, Cockburn's oder Calém, das bedeutendste touristische Ziel der Stadt. Es gibt Führungen mit anschließender Verkostung. Viele der Portweinkellereien haben englische Namen. Das hat einen einfachen Grund: Ohne die Engländer gäbe es den Likörwein nicht. Ende des 17. Jahrhunderts griffen sie auf portugiesischen Wein zurück, als Ersatz für französischen. Damit dieser auf der Seereise nicht verdarb, wurde hochprozentiger Alkohol zugesetzt.

Mee(h)r Sehen

Angeblich wurde um 1480 der Seefahrer Ferdinand Magellan als Fernão Magalhães in Vila Nova de Gaia geboren. Nachdem er sich mit dem portugiesischen König Manuel I. überworfen hatte, machte er sich 1519 für die Spanier auf die Suche nach einer Westroute zu den Gewürzinseln im Indischen Ozean. Er entdeckte eine Durchfahrt zwischen Atlantik und Pazifik, die nach ihm benannt ist: die Magellanstraße. Der Stille Ozean bekam von ihm den Namen: Pazifik. Magellan gilt als erster Weltumsegler, obwohl er auf den Philippinen getötet wurde und nur eines seiner Schiffe 1522 nach Spanien zurückkehrte.
Wenn noch etwas Zeit bleibt, lohnt sich ein Abstecher zum Strand. Die Praia de Miramar mit der barocken Capela Senhor da Pedra, die auf einem Felsen steht, gehört zu den schönsten Europas. Traumhaft sind auch die Strände Madalena und Lavadores.

↗ Porto (nördlich des Flusses) gab dem Portwein seinen Namen, aber in Gaia (südliches Flussufer) wird er produziert.
↖ Die Barcos Rabelos am Flussufer des Douro sind heute nur noch Touristenattraktionen.
← Vom Stadtpark Jardim do Morro aus hat man einen fantastischen Ausblick auf die beiden Städte Gaia und Porto sowie den Fluss.

INFO

»WOW« FÜR EINEN MUSEUMSKOMPLEX

Seit 2020 hat Gaia einen umfangreichen Museumskomplex bzw. ein Kulturviertel dazubekommen: die World of Wine (WOW). Dafür wurden ehemalige verlassene Portweinlagerhäuser im historischen Zentrum renoviert. Auf einer Fläche von 55.000 Quadratmetern sind nicht nur sieben Museen, sondern auch eine Vielzahl an Restaurants, Cafés und Veranstaltungsräumen untergebracht. In erster Linie geht es natürlich um die Weinproduktion; im »The Wine Experience« kann man alles darüber lernen. Dem Roséwein wurde sogar eine eigene Ausstellung gewidmet, der »Pink Palace«.

Passenderweise gibt es auch ein Korkmuseum, »Planet Cork«. Kork wird nicht nur für Weinflaschen verwendet, sondern auch in der Mode und als Baumaterial – sowie in der Filmindustrie. Dort werden Korken für Explosionen eingesetzt. Und was passt perfekt zu Wein, richtig, Schokolade. In »The Chocolate Story« erfährt man alles über die Geschichte und Herkunft des Kakaos und wie Schokolade hergestellt wird. Überall kann man probieren. Die WOW hat sogar ihre eigene Schokolade: die preisgekrönte »Vinte Vinte«, kreiert von dem Chocolatier Pedro Araújo. Die Museen sind auch für Kinder interessant, sie bieten interaktive und unterhaltsame Elemente.

In Eichenfässern lagert der Portwein.

WEITERE INFORMATIONEN

cm-gaia.pt
culturanorte.gov.pt
wow.pt

10

VILA REAL – KÖNIGLICHES DORF

IRGENDWO IM NIRGENDWO

Nördlich des Douro auf einem Bergplateau liegt die Kleinstadt Vila Real, was übersetzt königliches Dorf heißt. Ein König hat hier aber nie gelebt, höchstens ein Graf. Und dessen Palast prangt auf Millionen weltweit verkaufter Flaschen Rosé.

Etwa auf halber Strecke zwischen Porto und Bragança oder Porto und der spanischen Grenze liegt Vila Real. 1289 hatte König Dinis den Ort gründen lassen. Viele Reisende verirren sich nicht hierher, aber sie verpassen etwas: eine lebhafte, schöne Stadt mit prächtigen Herrenhäusern adeliger Familien aus dem 16. und 17. Jahrhundert. Die Häuser sind verziert mit manuelinischen Fenstern und Balkonen mit schmiedeeisernen Gittern. Das wohl prachtvollste Gebäude ist der Palácio de Mateus im Osten der Stadt. Entworfen wurde das Herrenhaus Mitte des 18. Jahrhunderts von dem Italiener Nicolau Nasoni im Stil des Barock. Der Landsitz der Grafen von Vila Real beeindruckt mit seiner Fassade – weiß gekalkt und aus Granit – und den kunstvollen Fialen überall auf dem Dach. Im Inneren finden sich handgearbeitete Decken aus Kastanienholz und Möbel aus verschiedenen Epochen. Der Palast ist umgeben von einer Gartenanlage à la Versailles, mit einem Spiegelteich, in dem eine Nymphe badet. Es gibt hier geführte Touren, aber auch Konzerte. Der Mateus-Palast war übrigens Namenspate für einen Roséwein aus dem Douro-Tal, der 1942 kreiert wurde und noch immer weltweit millionenfach in einer bauchigen Flasche verkauft wird. Auf dem Etikett prangt zwar ein Bild des Palácio, allerdings hat dieser mit der Weinproduktion nichts weiter zu tun.

Kleine Stadt ganz groß

Der italienische Architekt des Palastes, Nicolau Nasoni, entwarf auch die Igreja dos Clérigos (Capela Nova) im Herzen der Stadt. Mit ihrer reich verzierten Barockfassade mit dem Portikus, den toskanischen Säulen und den Sockeln mit Pflanzenmotiven hat die Kirche fast schon einen italienischen Touch. Im Inneren verzieren blau-weiße Azulejos mit Szenen aus dem Wirken des Petrus und des Paulus die Wände.
Hier in Vila Real soll Diogo Cão geboren worden sein. Der portugiesische Seefahrer entdeckte im 15. Jahrhundert bei der Erkundung der Westküste Afrikas den Fluss Kongo. Der führte aber nicht, wie erhofft, direkt nach Indien.
Ende des 19. Jahrhunderts war Vila Real die erste Stadt Portugals, die über elektrisches Licht verfügte. Ihr öffentliches Stromnetz wurde aus einem Wasserkraftwerk am Corgo gespeist. Dieser Fluss begrenzt zusammen mit dem Cabril die Altstadt im Süden und Osten. Im Westen ist Vila Real umgeben von den Gebirgszügen des Marão und des Alvão. Und wenn man schon mal hier ist, sollte man unbedingt die nahegelegenen terrassenförmigen (Port-)Weinberge entlang des Douro besuchen.

INFO

SÜSSE TRADITION

An portugiesischen Süßspeisen kommt man auch in Vila Real nicht vorbei. Die »Pitos de Santa Luzia«, quadratische Küchlein gefüllt mit Kürbismarmelade und Zimt, soll eine Nonne erfunden haben, die gerne naschte, das aber nicht durfte. Deswegen haben die Pitos eine eher unscheinbare Form. Rund um die Küchlein gibt es eine Tradition: Am 13. Dezember, dem Tag der heiligen Luzia, überreichen die Frauen ihrem »Auserwählten« einen Pito. Im Gegenzug bekommen sie am 3. Februar, dem Tag des heiligen Blasius, von den Männern die »Ganchas de São Brás«, karamellisierte Zuckerstangen, geschenkt. Liebe geht eben durch den Magen.
Nördlich von Vila Real, im Dorf Boticas, gibt es eine weitere Kuriosität: den Vinho dos Mortos, Wein der Toten. Anfang des 19. Jahrhunderts, als die Franzosen hier einfielen, vergruben die Menschen ihre kostbarsten Güter. Als sie den Wein anschließend wieder ausgruben, war dieser spritzig und hatte einen niedrigen Alkoholgehalt.

WEITERE INFORMATIONEN

natural.pt
casademateus.com

↖ Der Barockpalast Casa de Mateus liegt etwas außerhalb von Vila Real. Umgeben ist er von einem großzügigen Garten.
↑ Die Igreja dos Clérigos stammt vom gleichen Architekten wie der Palast.

11

BRAGANÇA – HINTER DEN BERGEN

EIN ADELSGESCHLECHT AUF DEM THRON

Sie ist eine der ältesten Städte Portugals und das Adelshaus Bragança stellte vom 17. bis ins 20. Jahrhundert die portugiesischen Könige. Touristisch erschlossen ist die Gegend im äußersten Nordosten Portugals dagegen eher weniger.

Gerade einmal 35.000 Menschen leben heute in Bragança, in einer der einsamsten Gegenden Portugals. Bereits die Römer und Kelten siedelten hier, bevor im 12. Jahrhundert der Ort entstand – unter der Herrschaft des ersten portugiesischen Königs Afonso Henriques.
Auf einem Hügel thront die ummauerte, mittelalterliche Oberstadt, die Cidadela, mit ihren engen Gassen und gut erhaltenen, weiß gekalkten Häuschen. Diese Burganlage wurde Anfang des 15. Jahrhunderts auf Fundamenten aus dem 12. Jahrhundert errichtet, noch bevor 1442 das Herzogtum Bragança entstand. Durch das Stadttor, Porta da Vila, gelangt man in die Cidadela. Als Erstes fällt einem der imposante gotische Bergfried mit seinen Zinnen ins Auge: der Torre de Menagem – 17 Meter breit und 33 Meter hoch. Darin ist ein kleines Militärmuseum untergebracht, und vom obersten Stockwerk aus bietet sich ein fantastischer Ausblick auf die Stadt und die Berge der Umgebung. Einer der 15 Türme der Festung wird Torre da Princesa, Prinzessinnen-Turm, genannt; um ihn ranken sich verschiedene Legenden über gefangen gehaltene Prinzessinnen. In der Cidadela befindet sich auch das Domus Municipalis, Portugals ältestes Rathaus im romanischen Stil. Der ehemaligen Zisterne wurde ein weiteres Stockwerk mit einer Vielzahl an Bogenfenstern draufgesetzt. Gleich nebenan steht die weiße Igreja de Santa Maria mit ihrer außergewöhnlichen Form. Ursprünglich im romanischen Stil errichtet, wurde sie später zu einer Barockkirche umgebaut.

Die Unterstadt

Erst der achte Herzog von Bragança schaffte es 1640 endlich auf den portugiesischen Thron: als König João I. Zu Reichtum gelangte die Stadt durch die Bischöfe, die die Hälfte des Jahres hier residierten. Erkennbar ist das an den Herrenhäusern, kunstvollen Brunnen und Kirchen in der westlich gelegenen Unterstadt. Im 16. Jahrhundert entstand u. a. die eher schlichte, alte Kathedrale. Bis zur Ernennung Braganças zum Bischofssitz im 18. Jahrhundert war darin ein Jesuitenkolleg untergebracht, dann wurde sie zur Kathedrale erhoben. Beeindruckend sind das Renaissanceportal, der vergoldete Altar und die kunstvollen Malereien an der Decke. Seit 2001 hat die Stadt eine neue, moderne Kathedrale. Eine Kirche in Bragança hat eine ganz besondere Geschichte: In der Igreja de São Vicente heiratete 1352 König Pedro heimlich seine Geliebte Inês de Castro. Die beiden sind das wohl bekannteste und tragischste Liebespaar Portugals. Ein Azulejo an der Kirche erzählt davon.

INFO

NATURPARK UND URIGE DÖRFER

Hinter den Bergen, Trás-os-Montes – so heißt die Gegend, wo Bragança liegt. Gemeint ist damit das Hochland nördlich des Douro. Bis heute ist das Gebiet eher rau und weniger belebt als die Küstenregion. Hier finden sich abgelegene Bergdörfer mit authentischen Schiefer- und Granithäusern, wo traditionelle Arbeiten wie das Wein- und Olivenpressen teilweise noch gemeinsam erledigt werden. Dazu gehören das fast ausgestorbene Guadramil und der Ort Rio de Onor, der zur Hälfte in Spanien liegt und wo ein portugiesisch-spanischer Dialekt (Rionorês) gesprochen wird. Aber auch die größeren Dörfer wie Chacim und Vinhais sind sehenswert.
Vor den Toren Braganças liegt der Parque Natural Montesinho mit wunderschönen einsamen Hochebenen. Der Naturpark ist rund 75.000 Hektar groß und erreicht Höhen bis zu 1.500 Meter. Er gehört zu den größten Schutzgebieten Portugals und ist Heimat für mehr als 240 Spezies – wie der Iberische Wolf, Wildschweine und Steinadler.

WEITERE INFORMATIONEN

turismo.cm-braganca.pt
natural.pt

↖ **Die mächtige Burg ist die Touristenattraktion des Ortes und besitzt eine doppelte Ringmauer.**
↑ **Das Dörfchen Rio de Onor verzaubert durch rustikale Gebäude und Einsamkeit.**

Bunte Streifen zieren die kleinen Fischerhütten längs der Uferstraße in Costa Nova.

CENTRO

Von Riesenwellen an den Stränden
und Schafen im Gebirge
der Sterne

12

AVEIRO – VON SEETANG UND KABELJAU

MIT BUNTEN GONDELN DURCH DIE STADT

Das ehemalige Fischerdorf hat sich zu einer prachtvollen Kleinstadt entwickelt, in der modernistische Paläste und reich mit traditionellen Azulejos verzierte Gebäude vom Wohlstand der Einwohner zu Beginn des letzten Jahrhunderts zeugen.

Bunt bemalte Gondeln schaukeln auf dem Wasser der von Kanälen durchzogenen Stadt: die Moliceiros. Ihren Namen verdanken diese flachen Boote, die heute Touristen durch den Ort fahren, einer bestimmten Algenart, die auf Portugiesisch »moliço« genannt wird. Denn ursprünglich dienten die extra flach gebauten Moliceiros dem Transport von Seetang. Die Gewinnung und Trocknung dieser Algen, die als Tierfutter oder Düngemittel eingesetzt wurden, zählte lange Zeit zu den Haupteinnahmequellen des Fischerdorfs. Die Kanäle teilten sich die mit Seetang beladenen Moliceiros mit den weniger bunten Saleiros, die das in den Salinen gewonnene Meersalz transportierten. Als es immer weniger Algen am Boden der Ria de Aveiro zu fischen gab und natürliche Düngemittel durch Chemie ersetzt wurden, brauchte man die Flachboote nicht mehr. Die Moliceiros drohten zu verschwinden, bis die Menschen in Aveiro damit begannen, die Besucher der kleinen Stadt auf ihren traditionellen Booten über die Kanäle zu fahren.

Wer die einfach, aber farbenfroh bemalten Boote genauer betrachtet, dem fällt auf, was nicht nur Touristen zum Schmunzeln bringt, sondern längst auch das Interesse der Ethnologen geweckt hat: Während fromme Bilder von Heiligen und Madonnen oder brave Szenen traditioneller Landarbeit den Bug der Boote zieren, geht es auf den Bildern am Heck der Gondeln mit einem kecken Spruch oft überraschend erotisch zu.

Stadtbummel

Mit dem Rückgang des Algenabbaus ging ein Anwachsen der Industrie in Aveiro einher. Im 19. Jahrhundert gewann die Herstellung von Keramik, den traditionellen Azulejos, immer mehr an Bedeutung. Der 1864 errichtete Bahnhof ist ebenso wie die Fassade der Igreja da Vera Cruz über und über mit den blau-weißen Keramikkacheln geschmückt. Wohlhabende Bürger errichteten prachtvolle Wohnhäuser im zu Beginn des Jahrhunderts angesagten Stil des »Arte Nova«, der sich in ganz Europa als Jugendstil verbreitete.

Ovos moles

Eine besondere Spezialität Aveiros sind die Ovos moles, eine im Kloster erfundene Süßigkeit, die hauptsächlich aus Ei, Zucker und Oblaten besteht. Der Legende nach soll eine Nonne in der Klosterküche gern süße Naschereien produziert haben. Eines Tages erwischte die Oberin sie beim Anrühren der Eiermasse. Um nicht der Völlerei bezichtigt zu werden, ließ die Nonne die süße Masse schnell unter den Hostien verschwinden. Das Gebäck war erfunden und erhielt später seine typische Form. Heute werden die Ovos

→ Die bunt bemalten Moliceiros, die im Sommer am Ufer der Kanäle schaukeln, sind längst schon zu einem Wahrzeichen Aveiros geworden.

ESTA E A MINHA BANDEIRA!
A-2505-AL
O LAMEIRENSE

moles nicht mehr in Klöstern, sondern in fast allen Konditoreien Aveiros angeboten. Einer der traditionellen Läden, in dem die Delikatesse bis heute noch von Hand hergestellt wird, ist die kleine Konditorei »Maria da Apresentação«. Das Rezept, das die Frauen hier von Generation zu Generation weitergeben, geht angeblich auf das Originalrezept des Frauenklosters zurück.

Farol de Barra

Mehr als 60 Meter erhebt sich der schlanke Turm am Strand von Aveiro in den Himmel. Das Bauwerk mit den rot-weißen Ringen, an dessen Spitze das Leuchtfeuer den Schiffen auf See einen sicheren Weg in den Hafen weist, ist weithin zu erkennen. Da das Land an der Ria de Aveiro flach ist, musste der Farol de Barra entsprechend hoch gebaut werden und gehört daher zu den höchsten Leuchttürmen Europas. Viele der portugiesischen Leuchttürme sind trotz modernster Technik bis heute bewohnt. Einmal pro Woche öffnen die Faroleiros die Türen ihrer Türme und erklären neugierigen Besuchern die beeindruckenden Leuchtfeuer.

Fischerhütten der Costa Nova

Fährt man vom Leuchtturm in südlicher Richtung am Strand entlang, gelangt man schon bald zu den Fischerhütten der Costa Nova. Gelb, blau, rot und grün leuchten die fröhlich gestreiften Häuschen im Sonnenschein. Den Namen »neue Küste« erhielt dieser Strand, weil die Fischer vor der durch den Bau der Hafeneinfahrt 1808 entstandenen Verbindung nach Aveiro ausschließlich den Strand von São Jacinto genutzt hatten. Eigentlich dienten diese einfachen Strandhütten den Fischern als Lagerräume, in denen sie ihr Werkzeug und ihre Netze aufbewahren konnten. Heute sind die meisten der farbigen Fischerhütten zu Wochenendhäusern und Ferienunterkünften ausgebaut.

Ílhavo und die Route des Kabeljaus

Aveiro war lange Zeit einer der bedeutendsten Häfen der portugiesischen Kabeljauflotte. Die sogenannte Stockfischroute, die Route des Kabeljaus, führt in den kleinen Ort Ílhavo vor den Toren Aveiros. Das moderne Schifffahrtsmuseum erklärt, wie es dazu kam, dass der nur in nördlichen Gewässern gefangene Stockfisch für die Seemacht Portugal schon im 15. Jahrhundert eine bedeutende Rolle spielte. Durch Lufttrocknung haltbar gemacht, diente der in Salz eingelegte Kabeljau den Seeleuten auf ihren Entdeckungsreisen über die Weltmeere monatelang als Nahrung. Unter der Diktatur Salazars wurde die Kabeljaufischerei stark gefördert. Wer mit der Stockfischflotte auf See fuhr, wurde vom Militärdienst befreit. Neben den originalgetreuen Nachbauten verschiedener traditioneller Schiffsmodelle ist das Aquarium des Schifffahrtsmuseums besonders beeindruckend. Im Hafen von Aveiro kann man die Santa Maria Manuela bewundern, eines der alten Segelschiffe, das restauriert wurde und heute für Ausflüge genutzt wird.

↗ Die alten Lagerhäuser, in denen die Fischer an der Costa Nova einst ihre Netze aufbewahrten, haben sich zu hübschen Sommerhäuschen gemausert.
↖ Am Strand Aveiros erhebt sich der Leuchtturm stolz in den Himmel.
← Der traditionellen Kabeljaufischerei widmet sich das Museu Marítimo de Ílhavo.

INFO

KABELJAUGERICHTE IM »BELA RIA«
Ein ganz besonderer Tipp ist das Restaurant »Bela Ria«. In Portugal sagt man, es gäbe tausend verschiedene Arten, den Kabeljau zuzubereiten. In dem kleinen Restaurant vor den Toren Aveiros kommt man dieser Zahl ziemlich nahe. Hier werden Gerichte serviert, die selbst vielen Portugiesen unbekannt sind, denn Jorge Pinhão, der Inhaber des »Bela Ria«, ist gleichzeitig Koch der offiziellen Confraria do Bacalhau, der Bruderschaft des Kabeljaus. Einmal im Monat treffen sich die Mitglieder in dem Restaurant, um eine der vielen Variationen zu probieren. Die Bruderschaft des Kabeljaus organisiert regelmäßige Veranstaltungen rund um diesen besonderen Fisch, der im Laufe der Jahrhunderte zu einem Teil der portugiesischen Kultur und Identität geworden ist.

WEITERE INFORMATIONEN
Restaurante Bela Ria:
Rua da Mota 69
3830-142 Gafanha de Aquém
Seefahrtsmuseum:
Av. Dr. Rocha Madahil
3830-193 Ílhavo
museumaritimo.cm-ilhavo.pt
Maria da Apresentação:

Rua de Coimbra 5
3810-084 Aveiro
Aveiro Tourismusbüro:
Rua João Mendonça 8
3800-200 Aveiro
turismodocentro.pt

13

VISEU – DIE WÜRDEVOLLE

SAKRALE KUNST AM LARGO DA SÉ

Stolz thront die mächtige Kathedrale über der quirligen Altstadt von Viseu. Vom Vorplatz des Gotteshauses reicht der Blick weit über die Ebene. Während es auf dem Hügel der Bischofsstadt eher ruhig und würdevoll zugeht, tobt auf den Straßen und Plätzen weiter unten das Leben.

Schon in Zeiten der Besiedlung durch die aus dem Norden eingewanderten Sueben und Westgoten erhob sich auf dem Hügel ein frühchristlicher Tempel. Nach einer kurzen muslimischen Herrschaft wuchs die erste kleine Kirche zu einem glanzvollen Gotteshaus heran. Im Laufe der Zeit wurde sie um die Sakristei und den Kreuzgang erweitert, bis schließlich die prunkvolle Sé de Viseu entstand. Der zweistöckige Kreuzgang der Kathedrale ist mit blau-weißen Kacheln gefliest, die das Leben des heiligen Theotonius, des Schutzpatrons von Viseu, erzählen. Zu den Kirchenschätzen, die in einem kleinen Museum im antiken Kapitelsaal gezeigt werden, gehören außer Reliquien und einer schwangeren Madonna auch eine kleine, mit unendlich vielen Details gearbeitete Krippe.

Largo da Sé, der Platz vor der Kathedrale

Eine architektonische Besonderheit des Platzes vor der Kathedrale ist nicht nur die Domherrenpassage, der Passeio dos Cónegos, ein mit hübschen Säulen im italienischen Stil bestückter Übergang, der oberhalb des Kreuzgangs alle zur Kathedrale gehörenden Gebäude miteinander verbindet. Auch die Tatsache, dass im 18. Jahrhundert eine weitere prachtvolle Kirche, die Igreja Misericórdia, direkt auf der gegenüberliegenden Seite des Platzes errichtet wurde, ist ungewöhnlich.

Paço dos Três Escalões – Museu Grão Vasco

Direkt neben der Catedral de Viseu befand sich früher die Residenz des Bischofs. Nachdem im 16. Jahrhundert das Konzil von Trento alle Kathedralen verpflichtet hatte, eine bestimmte Anzahl junger Männer zu unterrichten, wurde anstelle des Bischofspalastes ein Seminar eingerichtet, in dem vierzig Schüler leben und lernen sollten. Zu Beginn des letzten Jahrhunderts wurde das Gebäude erneut umgebaut und beherbergt nun das Nationalmuseum Grão Vasco. Im Paço dos Três Escalões, dem Palast der drei Stufen, kann man neben der bedeutenden Gemäldesammlung des portugiesischen Malers Grão Vasco, Altarbildern und den Werken anderer portugiesischer Künstler auch Skulpturen, Porzellan und Schmuck bewundern.

Praça da Republica (Rossio)

Von der Praça da Sé geht es durch einen Torbogen zu einem kleinen Platz mit Cafés und Terrassen. Zwischen den engen Gassen des einstigen jüdischen Viertels erhebt sich stolz die Statue des in Viseu geborenen Königs Dom Duarte.

In nur fünf Minuten Fußweg gelangt man vom erhabenen Vorplatz der Kathedrale zum belebten Herzen Viseus, der Praça da Republica. Schon in früheren Jahrhunderten flanierten hier die Menschen im Schatten der Bäume oder trafen sich in einem der Cafés an der Promenade. Direkt neben dem Rossio liegt die grüne Lunge der Stadt. Parkanlagen wie der Jardim Tomás Ribeiro oder der kleine Parque Aquilino Ribeiro sorgen an heißen Sommertagen für schattige Erholung.

INFO

AROMATICO 54

Die hübsche Terrasse des Restaurants »Aromático 54«, mitten im Zentrum von Viseu, ist eine grüne Oase voller Blumen und Grünpflanzen. Wie der Name vermuten lässt, geht es hier aromatisch zu. Nebenan wachsen in einem kleinen Kräutergarten die Zutaten, die den Gerichten ihren besonderen Zauber verleihen. Ebenso frisch und farbenfroh wie der Blumengarten kommen die Gerichte daher, die hier serviert werden. Zu den Spezialitäten des Küchenchefs Paulo Gonçalves gehören neben Fisch- und Fleischgerichten aus Schwein und Kabeljau auch Feijoadas und Risottos, die er in ungewohnten Geschmackskombinationen serviert. An den Wochenenden überraschen Paulo und Saalchefin Rita Santos mit einem leckeren Brunch, bei dem auch Smoothies, Müslis sowie Pancakes und Toasts zur Auswahl stehen.

WEITERE INFORMATIONEN

Museu Nacional Grão Vasco: Paço dos Três Escalões, Adro da Sé, 3500-195 Viseu, museunacionalgraovasco.gov.pt
Tourismusinfo: visitviseu.pt
Aromático 54: Largo da Prebenda 51, 3500-172 Viseu

← Der Blick von der Domherrenpassage über die Praça da Sé auf die Igreja da Misercordia.

14

CASTELO RODRIGO – EINE ALDEIA HISTÓRICA

ZUR MANDELBLÜTE ZWISCHEN WEINBERGERN

Inmitten grüner Weinberge gelegen, begleitet von einem Chor gut gelaunter Esel, die lauthals die Besucher begrüßen, zeigt sich das kleine Castelo Rodrigo besonders attraktiv zur Zeit der Mandelblüte, wenn weiße Blütenblätter die alten Mauern des kleinen Ortes verschönern.

Die beste Zeit, um Castelo Rodrigo kennenzulernen, ist der Februar, wenn die Mandelbäume in voller Blüte stehen. Wild und ungestutzt dürfen die Bäumchen ihre ganze Pracht entfalten und in ihrem weißen Blütenkleid die Besucher vor dem Stadttor begrüßen, noch ehe sie das Dorf betreten. Gepflanzt hat diese prachtvollen Amendoeiras Monsieur André, dem auch die kleine Teestube gehört. Dort bietet er neben anderen regionalen Produkten gebrannte Mandeln zum Verkauf, für die er sich immer neue Rezepte und Geschmacksrichtungen ausdenkt. In seiner »Loja das Amêndoas« wird noch in Handarbeit geröstet und verpackt.

Die Burgruine

Von der Burg der Iberer und den zahlreichen Eroberungen aus römischer, westgotischer und maurischer Zeit ist jedoch kaum etwas erhalten geblieben. Eine bedeutende Rolle spielte Castelo Rodrigo erst im 15. bis 17. Jahrhundert, als die Grenze zu Kastilien ganz in der Nähe der Burg verlief. In der viel umkämpften Grenzregion wurde das kleine Dorf zu einem strategisch wichtigen Verteidigungsposten Portugals. Letztendlich waren es aber nicht die Spanier, sondern die Bewohner selbst, die die Burg zerstörten und den Burgherrn fortjagten, als dieser nach der Vertreibung des spanischen Königs und der Ausrufung eines unabhängigen Portugals noch immer aufseiten der ehemaligen Besatzer kämpfen wollte.
Wie viele der Aldeias históricas, der historischen Dörfer Portugals, lag auch Castelo Rodrigo lange verlassen, bis in den 1980er-Jahren wieder neues Leben in den kleinen Ort einkehrte. Zu den Sehenswürdigkeiten des Ortes gehören neben der Burg und dem Pelourinho das Eingangstor einer Zisterne, die im Mittelalter von den jüdischen Familien als Mikwe genutzt wurde. Die Silhouette des maurischen Torbogens ziert auch das Schild der »Casa da Cisterna«, eines der ersten Häuser, die in den 80er-Jahren restauriert wurden und in dem heute eine nette kleine Pension untergebracht ist.

Adega Castelo Rodrigo

Unterhalb des historischen Dorfkerns liegt die Weinkooperative »Adega Castelo Rodrigo«. Schon im 12. Jahrhundert bauten die Mönche eines nahe gelegenen Klosters hier Wein an. Die riesigen weißen Kuppeln der Anlage erinnern an die Zeit, als an diesem Ort große Mengen einfacher Tischweine hergestellt wurden. Heute reifen die »Reservas« unterirdisch in alten Eichenfässern. Die hier produzierten Weine gehören zur Anbauregion D.O. Beira.

INFO

VALE DO CÔA

Zu Beginn der 1990er-Jahre wäre das Côa-Tal um ein Haar dem Bau eines Staudamms zum Opfer gefallen. Dank des Einsatzes der Einwohnerschaft sowie von Archäologinnen und Archäologen konnte das Projekt noch gestoppt werden. Inzwischen wurde die von Mandel- und Olivenbäumen geprägte Landschaft des Tals zum »Parque Arqueológico do Vale do Côa« erklärt und in die Liste des UNESCO-Welterbes aufgenommen. Der eigentliche Schatz des Tals sind die gerade noch rechtzeitig entdeckten steinzeitlichen Felsmalereien, deren Fund den Bau des Staudamms verhinderte. Im Jahr 2000 errichtete man in Vila Nova de Foz Côa das Museu do Côa, das einen guten Gesamtüberblick über die bisher entdeckten archäologischen Ausgrabungen gibt. Besondere Führungen zu den echten Felsmalereien organisiert die »Casa Cisterna« von Castelo Rodrigo aus.

WEITERE INFORMATIONEN

Guesthouse Casa Cisterna: Largo da Igreja, 6440-031 Castelo Rodrigo, casadacisterna.com
Loja das Amêndoas: Sabores do Castelo, Rua da Praça, 6440-031 Castelo Rodrigo
Adega Cooperativa de Figueira de Castelo Rodrigo: adegacastelorodrigo.pt
Museu do Côa: 5150-610 Vila Nova de Foz Côa, arte-coa.pt
aldeiashistoricasdeportugal.com/

↖ Der Torre do Relógio, der Uhrenturm von Castelo Rodrigo.
↑ Das Vale do Côa gehört heute zum Welterbe der UNESCO.

15

GUARDA – PORTUGALS HÖCHSTGELEGENE STADT

DIE BURG AUF DEM BERG

Die Serra da Estrela und die nahe gelegene Grenze beeinflussten über viele Jahrhunderte das Leben in Guarda. Hinter dicken Schutzmauern verbirgt sich die Altstadt mit ihren schmalen Gassen und den Relikten des einst blühenden jüdischen Lebens.

Wie eine mächtige Burg steht sie da, die im 14. Jahrhundert auf Drängen des Bischofs Vasco de Lamego errichtete Kathedrale von Guarda. In der damals heftig umkämpften Grenzgegend musste auch ein Gotteshaus mit wehrhaften Mauern ausgestattet sein, um möglichen Angriffen zu trotzen und den Menschen Schutz bieten zu können. Fertiggestellt wurde der stolze Bau jedoch erst 150 Jahre später unter der Herrschaft König Joãos III. im Jahr 1517. Die manuelinischen Säulen am Hauptportal erinnern an die Pracht der großen Seefahrernation. Da zur letzten Jahrhundertwende das Kirchenschiff komplett umgestaltet wurde, stellt heute das im Stil der Renaissance entstandene Altarbild des Künstlers João de Rua den beinahe einzigen Schmuck der Kathedrale dar.

Judiaria – das jüdische Viertel

Neben Castelo Branco, Belmonte und einigen anderen Dörfern zählt auch Guarda zu den Orten in Portugal, in denen es früher große jüdische Gemeinden gab. Nur wenige Meter hinter der Kathedrale lag das Viertel, in dem die jüdische Bevölkerung lebte. Durch die Porta d'El Rei gelangt man heute noch in die engen Gassen, in denen einst die Familien der Ärzte, Schuster oder Goldschmiede zu Hause waren. Die jüdische Gemeinde Guardas zählte zu den wichtigsten und ältesten in ganz Portugal. An den Hauseingängen sind teilweise noch Einkerbungen für die Mesusa, eine am Türpfosten befestigte Schriftrolle, zu erkennen. Im 15. Jahrhundert nahm mit der Vertreibung der Juden aus Spanien auch in Portugal die Verfolgung nicht-christlicher Bevölkerungsgruppen zu. Um nicht alle Menschen jüdischen Glaubens zu verjagen, entschloss sich der portugiesische König zu einem Kompromiss und ordnete die Zwangschristianisierung aller jüdischen Familien an, die noch nicht außer Landes geflohen waren. An vielen Häusern des Viertels findet man daher gut sichtbare Kreuze, als Zeichen dafür, dass die Bewohner konvertierten und – zumindest nach außen hin – ein christliches Leben führten.

Castelo und Stadtmauer

Von der im 12. Jahrhundert zum Schutz der nahe gelegenen Grenze errichteten Festung sind heute noch zwei Türme erhalten: der Torre de Menagem, ein Wachturm, der anstelle der Burg heute einsam auf einem Hügel über der Stadt thront, und der Wehrturm Torre dos Ferreiros, der in früheren Jahrhunderten eines der Eingangstore darstellte, durch das man die Stadt betreten konnte.

INFO

QUEIJO DA SERRA

Der Käse aus der Serra da Estrela ist mehr als ein Nahrungsmittel: Er ist ein Stück Kultur und gehört zu den Bergen wie die Schafe, die Menschen und die gesunde Luft dieser Naturlandschaft. Seit dem 16. Jahrhundert fertigen die Hirten der Bergdörfer in den Wintermonaten den traditionellen Queijo da Serra in verschiedenen Varianten. Bei dem weichen Queijo wird die erhärtete obere Schicht aufgeschnitten, um an den beinah flüssigen Innenteil des Käselaibs zu gelangen. Bis heute halten sich viele Produzenten an die althergebrachten Rezepturen, denn die geschützte Herkunftsbezeichnung darf ein Käse nur dann tragen, wenn er aus der Milch der autochthonen Rasse der Bordaleira-Schafe hergestellt wurde. In Celorico da Beira, dem Zentrum der traditionellen Käseherstellung, wurde 2006 sogar ein Museum eröffnet.

WEITERE INFORMATIONEN

Museu da Guarda: Rua Alves Roçadas 30, 6300-663 Guarda, museudaguarda.pt

Museu do Agricultor e do Queijo: EN 17 Quinta dos Cedros, 6360-220 Celorico da Beira

← Blick auf die mächtige Kathedrale von Guarda.
↑ Eine der kleinen Straßen im alten jüdischen Viertel Guardas.

16

FIGUEIRA DA FOZ – MEHR ALS STRAND

AUF DEN SPUREN DER DINOSAURIER

Während die glamouröse Geschichte des einst mondänen Seebades langsam verblasst, rücken rosa Flamingos, mysteriöse Dinosaurierspuren und die einzigartigen Gesteinsformationen der atemberaubenden Naturlandschaft am Atlantik in den Vordergrund.

Dort, wo der Fluss Mondego in den atlantischen Ozean mündet, liegt Figueira da Foz. Vielleicht stand bei der Gründung der ersten Siedlung vor vielen Jahrhunderten noch ein Feigenbaum an dieser Stelle, denn das bedeutet der Name des Ortes übersetzt. Bis heute spürt man in dem Küstenort noch das Ambiente eines Seebades der Belle Époque. Das einstige Fischerdorf hatte sich schon zur Jahrhundertwende in eine weltoffene Stadt verwandelt, die mit Strand und Sonne Prominente anzog. Glanz und Glamour vergangener Zeiten sind in Figuera da Foz heute nur noch Erinnerung, doch seinen Charme hat das Küstenstädtchen nicht verloren. Der moderne Bau des 1884 gegründeten Spielcasinos, umgeben von Clubs und Restaurants, belebt mit vielen Musikveranstaltungen von Bands wie The Manhattan Transfer oder Weltstars wie Cesária Évora das kulturelle Ambiente des Bairro Novo.

Sandstrände

Die breiten Sandstrände in Figueira da Foz erinnern an die Nordsee bei Ebbe. Natürlich gibt es am tosenden Atlantik kein Wattenmeer, der weiße Sandstrand ist hell und trocken, aber um zum Wasser zu gelangen, muss man einige Meter weit laufen. Stege führen zwischen den Hütten und Strandbars durch den feinen Sand und verteilen sich entlang der Küste. Einer der beliebtesten Strände ist die Praia da Claridade mit dem denkmalgeschützten Uhrenturm, der sich im Laufe der Zeit zum Wahrzeichen des Strandes entwickelt hat. Im Sommer finden hier Musikfestivals und sportliche Wettkämpfe statt.

Das Kap Mondego und die Serra da Boa Viagem

Schroffe Felsen und steile Klippen zeigen, mit welcher Kraft der Atlantik das Wasser ans Ufer werfen kann. Auf einem der Felsen des Cabo Mondego wacht ein kleiner, gut befestigter Leuchtturm über die Sicherheit der Schiffe auf See. Die Naturregion um das Kap und die Serra da Boa Viagem erstreckt sich auf rund 400 Hektar und soll, so hofft man, bald zum UNESCO-Geopark ernannt werden. Zu Füßen des Boa Viagem, was auf Deutsch »Gute Reise« bedeutet, fand man vor einiger Zeit den 35 Zentimeter langen Fußabdruck eines Dinosauriers, der hier vor mehr als 150 Millionen Jahren gelebt haben muss. Doch was das Kap Mondego so besonders macht, sind nicht nur die deutlich erkennbaren Krallen der Dinosaurierspuren, sondern vor allem die einzigartigen Gesteinsstrukturen der Felsenlandschaft, die ganz spezielle Lebensformen hervorgebracht haben.

INFO

RESTAURANT MAREGRAFO

Das Restaurant »Maregrafo« ist ein Geheimtipp unter den Fischrestaurants. Nahe der Praia da Claridade liegt das hübsche alte Gebäude, das mit den traditionellen blau-weißen Azulejos geschmückt ist. Von der Terrasse des winzigen Restaurants hat man einen weiten Blick auf Strand und Meer. Drinnen bieten nur wenige Tische Platz für hungrige Gäste. Ergattert man einen freien Tisch, kann man aus dem breiten Angebot an frischestem Fisch und Meeresfrüchten wählen. Zu den Spezialitäten des Hauses gehören neben traditionellen Petiscos, den Migas, einem Muscheleintopf oder Tintenfischsalat auch Sapateira, ein mit gekochten Eiern, Zwiebeln und Krabben gefüllter Taschenkrebs.
Gemütliche Zimmer bietet das »Universal Boutique Hotel«, wo überdimensionale schwarz-weiße Fotos an die glamouröse Geschichte des Seebads erinnern.

WEITERE INFORMATIONEN

Dinofußabdruck im Museu Municipal António dos Santos Rocha: Rua Calouste Gulbenkian 33, 3080-084 Figueira da Foz
Farol Cabo Mondego: cm-figfoz.pt
Maregrafo: Largo Maria Jarra Beira Mar 2, Buarcos, 3080-27 Figueira da Foz
Universal Boutique Hotel: Rua Miguel Bombarda 50, 3080-995 Figueira da Foz

↖ Breite Sandstrände erinnern an die Zeit, in der Figueira da Foz ein glamouröses Seebad war.
↑ Eine Spezialität der portugiesischen Küste sind Meeresfrüchte wie Krebs oder Muscheln.

17

COIMBRA – MEHR ALS 100 JAHRE HAUPTSTADT

MITTELALTERLICHER ORT MIT HARRY-POTTER-FLAIR

Sie ist eine der schönsten, märchenhaftesten und auch unterschätzten Städte Portugals: Coimbra. Im 12. Jahrhundert wurde sie Hauptstadt des jungen portugiesischen Königreiches. Seit 2013 gehört sie zum UNESCO-Weltkulturerbe.

Malerisch am Rio Mondego gelegen, klettern die alten weißen und pastellfarbenen Gebäude entlang enger Gassen den Hügel hinauf. Hier muss man gut zu Fuß sein, die Wege sind zum Teil sehr steil. Die alten Gemäuer beherbergen einen jungen Kern: Ein Fünftel der Bevölkerung sind Studierende der traditionsreichen Universidade de Coimbra, die hier in WGs wohnen, Szene-Kneipen besuchen und in kultigen Läden shoppen. Wie an anderen portugiesischen Universitäten auch tragen sie einen schwarzen Talar – doch hier fühlt man sich ein wenig an Harry Potter erinnert, wenn sie einem über den Weg laufen zwischen den mittelalterlichen Gemäuern. Angeblich hatte sich die Autorin J. K. Rowling davon inspirieren lassen, als sie in Portugal lebte. Mehr als 730 Jahre ist die Uni bereits alt und gehört damit zu den ältesten der Welt – und zu den schönsten. Sie thront über Coimbra auf dem höchsten Punkt der Stadt. Denn das war früher einmal der Königspalast der ersten Herrscher. Die Gebäude gruppieren sich um einen zentralen, zum Fluss hin offenen Innenhof. Hier steht der berühmte Uhrenturm mit seinen vier Glocken, 1728 erbaut, den man von überall erspähen und auch besteigen kann. Und hier gibt es mit der Biblioteca Joanina aus dem 18. Jahrhundert eine der prächtigsten Bibliotheken überhaupt, mit geschnitzten und mit Blattgold verzierten Regalen mit einem Bestand von rund 300.000 alten Bänden. Zum Paço das Escolas gehören zudem die Capela São Miguel aus dem 16. Jahrhundert, die Via Latina, eine manieristische Säulenhalle, sowie die Porta Férrea, das Haupttor. Die Institute der Universität verteilen sich mittlerweile allerdings über ganz Coimbra.

Stadt der Liebe

Zu Beginn und Abschluss des akademischen Jahres treffen sich die Studierenden auf der Treppe der Kathedrale Sé Velha und singen den Fado de Coimbra. Neben Lissabon ist die Stadt eines der beiden Fado-Zentren. Einen großen Unterschied gibt es jedoch: Hier dürfen nur die Männer die leicht melancholischen Lieder zum Besten geben. Das Lied »Coimbra« erwähnt die Liebesgeschichte von der schönen Inês de Castro und Dom Pedro, die berühmteste und tragischste Romanze Portugals. Mitte des 14. Jahrhunderts war sie die Hofdame von Pedros Frau Constança Manuel. Inês und Pedro trafen sich heimlich in den Gärten der Quinta das Lágrimas südlich des Flusses. Selbst nach Constanças Tod war der Vater von Pedro, König Afonso IV., nicht mit der Liebe der beiden einverstanden und ließ Inês enthaupten. Im längst überwucherten Garten der Quinta erinnert heute noch die Quelle der Liebe, Fonte dos Amores, an die beiden Liebenden.

← Der Fado aus Coimbra sei mit noch mehr Weltschmerz verbunden als der aus Lissabon, sagt man.

INFO

08/15-ÜBERNACHTEN WAR GESTERN

Knapp 30 Kilometer südlich von Coimbra gibt es seit 2014 das Open-Air-Hotel »Uxa Paraíso«. In einem Tal kann man hier zwischen grünen Hügeln und Weinbergen z. B. in Glamping-Zelten, Retro-Wohnwagen oder kleinen Hütten schlafen oder einen Stellplatz mieten. Neben einer Outdoor-Küche gibt es einen Pool, eine Bar und Tiere. Zehn Kilometer weiter im Vale do Ninho lässt sich seit 2014 im Schieferdorf Ferraria de São João in den »Casas do Vale do Ninho« nächtigen. Dafür wurden Ruinen ehemaliger Steinhäuser aus dem 19. Jahrhundert ausgebaut – mit nachhaltigen Materialien. Entstanden sind zwei Wohnungen und eine Villa, die drei bis fünf Personen beherbergen können. Außerdem gehört ein großer Garten mit Schwimmteich dazu. Mehr als 80 Kilometer nordöstlich von Coimbra, bei Chao do Rio, finden sich sechs Natursteinhäuschen. Sie stehen direkt an einem angelegten Naturpool mit Seerosen und hellem Kiesstrand.

WEITERE INFORMATIONEN

centerofportugal.com
uxaparaiso.com
vn-nature.com
chaodorio.pt

Vielleicht läuft Harry Potter einem in den engen Gassen entgegen?

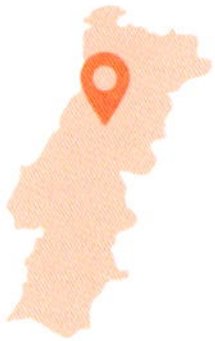

18

CERDEIRA – DIE ALDEIAS DO XISTO

IN HARMONIE MIT DER NATUR

Hoch oben in der Serra da Lousã, einer Gebirgskette, die von Spanien über die Serra Estrela bis ins Zentrum Portugals reicht, liegen die kleinen Schieferdörfer, in denen die Uhren langsamer ticken und die Natur den Rhythmus des Tages bestimmt.

In den Bergen der Serra da Lousã bestehen die Böden großenteils aus dunklem, hartem Schiefergestein. Auf den Äckern Landwirtschaft zu betreiben, war keine einfache Angelegenheit. Bis Mitte des letzten Jahrhunderts lebten die Menschen in den abgelegenen Bergdörfern unter recht kargen Bedingungen. Erst spät oder gar nicht wurden sie ans Stromnetz angeschlossen und fließendes Wasser gab es lange Zeit nur im Fluss. Junge Leute wanderten ab und verließen die Dörfer, in denen sie aufgewachsen waren, um ihr Glück in den großen Städten zu suchen. Es dauerte nicht lange, bis nur noch wenige Bewohner in den Aldeias do Xisto zurückblieben und viele der leer stehenden alten Häuser verfielen.

Cerdeira ersteht neu

In den Achtzigerjahren kam die Deutsche Kerstin Thomas mit ihrer Familie nach Cerdeira. Sie verliebte sich in das verlassene Dörfchen hinter dem plätschernden Fluss, kaufte ein Grundstück und begann damit, den Ort wiederzubeleben. Haus für Haus wurde repariert, restauriert und nutzbar gemacht. Heute gibt es in dem kleinen Schieferdorf ein hübsches Café, eine Backstube und eine Bibliothek. Zahlreiche der alten Gebäude sind inzwischen aufs Neue bewohnt, andere wurden liebevoll eingerichtet und werden vermietet. Außer Wanderern kommen vor allem Künstler in das kleine Bergdorf, denn Kerstin bietet in einer Werkstatt verschiedene Workshops an, in denen man lernt, mit ganz unterschiedlichen Naturmaterialien nützliche oder kreative Dinge herzustellen. Nicht nur Töpfern und das Arbeiten mit Holz oder Schiefer stehen hier auf der Tagesordnung, auch Brotbacken und die Zubereitung eines traditionellen Eintopfes, des »Chanfana«, kann man erlernen.

Candal

Cerdeira ist nicht das einzige Schieferdorf in den Bergen. Ein Wanderweg, einst Schulweg der Dorfkinder, führt in das nur wenige Kilometer entfernt liegende Candal. Rund fünfzig Minuten lang geht es über Stock und Stein durch üppiges Grün in den benachbarten Ort. Wie ein Amphitheater zieht sich Candal an einem steilen Hang entlang bis hinab zu einer alten Mühle. Nach einer anstrengenden Wanderung durch die Berge kann man zwischen den hübsch restaurierten Häusern in dem kleinen Restaurant »Sabores Da Aldeia« die lokale Küche genießen und in einem kleinen Laden traditionelle Handwerkskunst oder typische Köstlichkeiten der Region erwerben.

INFO

O BURGO

Über dem kleinen Ort Lousã thront die alte Burg von Arouce. Im 11. Jahrhundert wurde die wehrhafte Festung zum Schutz und zur Verteidigung der nahe gelegenen Stadt Coimbra errichtet. Zu Füßen des Burgturms liegt das Restaurant »O Burgo«. Hier werden traditionelle Gerichte der regionalen Küche serviert. In der Nähe des Restaurants staut sich der Fluss in mehreren Becken und kleinen Wasserfällen zu Naturschwimmbädern. Direkt vor dem »O Burgo« befindet sich das Strandband »Praia Fluvial da Nossa Senhora da Piedade«. Zudem lockt bei sommerlicher Hitze ganz in der Nähe eine Flussschaukel, »o baloiço fluvial«, zu einem erfrischenden Bad. Romantisch schwingt diese hölzerne Sitzbank, die vermutlich jedes Jahr aufs Neue von den Einheimischen gebaut wird, über dem kleinen Flüsschen und ist nur vom Wasser aus erreichbar.

WEITERE INFORMATIONEN

Insgesamt 27 kleine Orte haben sich zu den Schieferdörfern zusammengetan: aldeiasdoxisto.pt
Cerdeira Workshops: cerdeiravillage.com
Piscinas de Nossa Senhora da Piedade – Restaurant O Burgo: Lousã, oburgo.pt

↖ Blick auf Cerdeira, eines der winzigen Schieferdörfer, der »Aldeias do Xisto«, in den Bergen Portugals.
↑ Im Restaurant O Burgo werden regionale Gerichte und leckere kleine Häppchen serviert.

19

COVILHÃ – STREETART TRIFFT SCHÄFER

IM GEBIRGE DER STERNE

Die schneebedeckten Berge der Serra da Estrela und die Wolle der Schafe prägten lange Zeit das Leben der kleinen Stadt. Nach dem Niedergang der Textilindustrie musste Covilhã sich neu erfinden und ist heute bunter und lebendiger als je zuvor.

Covilhã liegt im Gebirgszug der Serra da Estrela, des »Gebirges der Sterne«. Zwischen den höchsten Gipfeln des portugiesischen Festlandes sind Wölfe und Adler zu Hause. Hirten ziehen über grüne Weiden, an Flüssen und kleinen Bergseen entlang durch die Serra, verkaufen die Wolle der Tiere und fertigen Käse aus Schafsmilch. Die umgebenden Berge dieser inzwischen zum Naturpark erklärten Region prägten die Stadt, lange bevor sich die Textilindustrie entwickelte.

Wolle als Industriezweig

Lange Zeit lebten die Menschen der Serra da Estrela von der Wollverarbeitung. Schon ab dem 16. Jahrhundert bot die florierende Textilindustrie vielen Familien eine Lebensgrundlage. Doch immer mehr billige Produkte aus fernen Ländern überfluteten die alten Absatzmärkte und läuteten den Niedergang der einst mächtigen Industrie ein. Mit der Wirtschaftskrise in den 1980er-Jahren schlossen auch die letzten großen Textilfabriken Covilhãs ihre Tore. Wie in vielen ländlichen Regionen kam es zur Abwanderung der Arbeitskräfte, die Lohn und Brot nun anderswo suchen mussten. Das historische Zentrum der einst prosperierenden Stadt drohte schon zu zerfallen, als mit dem Bau der Universität wieder junges Leben in die Straßen einzog. Um das industrielle Erbe mit dem neuen Stadtbild zu versöhnen, wurden alte Gebäude mit neuen Funktionen gefüllt. Die beeindruckende Ponte de Ribeira da Carpinteira, eine Fußgängerbrücke, die in 52 Metern Höhe über den Fluss führt, soll die durch das Wasser getrennten Stadtviertel einander näher bringen.

Woolfest – bunte Bilder in der Stadt

Einmal im Jahr findet in Covilhã ein Streetart-Festival statt. Seit 2011 kommen Künstler aus ganz Portugal, aber auch aus Spanien, Argentinien, Belgien, Polen oder den Niederlanden in die portugiesische Provinz, um alte Wände mit ihren farbenfrohen Werken zu verschönern. Der Kreativität sind beim Woolfest so gut wie keine Grenzen gesetzt, nur ein Bezug zu Covilhã und den Menschen, die hier leben, muss gegeben sein. Damit man auf eigene Faust auch außerhalb der drei Wochen andauernden Festivalzeit die bunten Bilder an den Wänden der Altstadt bewundern kann, gibt es in dem kleinen Laden »A Tentadora« Infomaterial und einen Stadtplan, auf dem alle Kunstwerke eingezeichnet sind. Mit Graffiti und Wandmalereien ist neues, kreatives Treiben in die Straßen der Altstadt eingezogen.

INFO

CASA DE SÃO LOURENÇO

Im luxuriösen Fünf-Sterne-Hotel »Casa de São Lourenço« übernachtet man mitten im Gebirge der Sterne. Tagsüber kann man auf den alten Wegen der Schafhirten wandern und stößt dabei auf verlassene Sommerhäuschen. Diese längst vergessenen Feriendomizile wurden im 19. Jahrhundert errichtet, als viele Menschen für eine Luftkur in die Serra da Estrela kamen, denn die Bergluft galt damals als Heilmittel gegen Tuberkulose und andere Lungenkrankheiten. Bei Nacht kann man den besonders klaren Himmel und die Sterne über dem Gebirge bewundern. Wolldecken und fast alle Textilien im Hotel stammen aus der »Burel Factory«, einer kleinen, nachhaltig arbeitenden Fabrik in Manteigas, die die Wolle autochthoner Schafe zu hochwertigen Textilien verarbeitet.

WEITERE INFORMATIONEN

Streetart-Festival: woolfest.org
Wollmuseum Museu de Lanífícos: Calçada do Biribau, 6201-001 Covilhã, museu.ubi.pt
Casa de São Lourenço: Campo Romão, 6260-200 Manteigas, casadesaolourenco.pt
Wollfabrik: burelfactory.com/pt

← Covilhã ist dabei sich zu mausern. Mit dem Streetart-Festival kommt neues Leben in die Altstadt.
↑ In der Serra da Estrela dreht sich das Leben um die Wolle.

20

BELMONTE – HEIMAT DES ENTDECKERS

DAS HEIMLICHE LEBEN DER CRISTÃOS NOVOS

Viele Jahrhunderte lang lebten sie so unauffällig in Belmonte, dass niemand von ihrer Existenz wusste. Verborgen vor der Welt, pflegten die Familien der »neuen Christen« lang ihre jüdischen Bräuche und Traditionen nur im Geheimen.

Pedro Álvares Cabral wird in Portugal als einer der großen Seefahrer gefeiert. Als Entdecker Brasiliens ging er in die portugiesische Geschichte ein. Gut sichtbar erheben sich auf einer Anhöhe die Überreste des Landsitzes der Herren von Cabral. Nachdem ein Feuer große Teile der Burg zerstörte, blieben vom einst eindrucksvollen Palast der wohlhabenden Familie nur noch Ruinen übrig.

Cabral, der Entdecker

In der Igreja de Tiago, einer kleinen Kapelle mit romanischen Malereien, befindet sich das Pantheon der Cabrals. Hier ruhen neben Pedro Álvares noch weitere Familienmitglieder. Schon der Großvater war ein kampferprobter Stratege, der für die portugiesische Krone neue Länder auf dem afrikanischen Kontinent erobert hatte. An die Geschichte der portugiesischen Eroberungen und die Entdeckung Brasiliens erinnert heute sogar ein eigenes Museum, das Museu dos Descobrimentos.

Vertreibung der Juden

Zu der Zeit, als Pedro Álvares Cabral mehr oder weniger durch Zufall Brasilien entdeckte, lebten in Portugal bereits Tausende aus Spanien geflohene Menschen jüdischen Glaubens. Schon vor der endgültigen Vertreibung 1492 hatten viele Familien das Nachbarland verlassen und sich kurz hinter der Grenze niedergelassen. Doch auch hier lebten sie versteckt und konnten ihre religiösen Bräuche nur heimlich bewahren. In Belmonte waren die Neuankömmlinge zunächst willkommen. Man ließ sie gewähren und lebte friedlich mit den jüdischen Familien zusammen. Doch als König Manuel die Tochter des spanischen Königspaars zur Frau nahm, verlangten Isabel de Castilla und Fernando de Aragón, die bereits alle Mauren und Juden aus ihrem Reich vertrieben hatten, dass ihr frisch angetrauter Schwiegersohn ebenso durchgreifen solle.

Die neuen Christen

Der portugiesische König wollte jedoch weder das Vermögen noch das Wissen der jüdischen Gelehrten verlieren und entschied sich gegen die Vertreibung der Juden aus seinem Herrschaftsgebiet. Um seinen mächtigen Schwiegereltern entgegenzukommen, verordnete er schließlich eine landesweite Zwangstaufe, sodass ganz Portugal offiziell als christlich galt. Um den Schein zu wahren, feierten die »Cristãos Novos«, die neuen Christen, die gleichen Feste, aßen – so schien es – Schweinefleisch und gingen in die Kirche. Mit geschickten Tricks gelang es ihnen, jüdische Traditionen zu bewahren und sich unauffällig in den christlichen Gemeinden zu bewegen. Einen großartigen Einblick in den Alltag der versteckten Juden gibt das Museu Judaico.

INFO

SORTELHA

Sortelha ist eine der zwölf Gemeinden, die wie Belmonte zu den Aldeias históricas gehört. König Dom Sancho I. ließ 1181 eine Burg auf den Ruinen einer von den Mauren eroberten Festung errichten. Unter der Herrschaft des Siedlerkönigs, wie man Sancho nannte, wurden in den neu eroberten Gebieten zahlreiche solcher Burgen gebaut und Klöster gegründet. Der portugiesische Nobelpreisträger José Saramango soll einmal gesagt haben, Sortelha zu betreten, sei wie ins Mittelalter einzutauchen. Der Ort erweckt tatsächlich den Eindruck, als sei hier vor über hundert Jahren die Zeit stehen geblieben, denn viele der aufwendig restaurierten Häuser stammen aus dem Mittelalter. Die meisten Gebäude Sortelhas stehen heute leer, nur das »Restaurante Dom Sancho« ist fast immer geöffnet und kann auch mal voll werden.

WEITERE INFORMATIONEN

Museu dos Descobrimentos: Rua Pedro Álvares Cabral 68, 6250-088 Belmonte
Museu Judaico: Rua da Portela 4, 6250-088 Belmonte

↖ Die Familie des gefeierten Seefahrers Álvares Cabral stammte aus Belmonte.
↑ Die Aldeia Histórica Sortelha.

Von den Überresten der Burg Cabral fällt der Blick auf die Dächer des Ortes Belmonte.

BELMONTE

21

MONSANTO – DAS DORF AM FUSSE DER TEMPLERBURG

HOCH ÜBER DER BEIRA BAIXA

Steil geht die Straße den Berg hinauf. Um Monsanto zu erkunden, muss man gut zu Fuß sein, denn für Autos ist hier kein Platz. Um zu den Überresten des mittelalterlichen Castelo de Monsanto zu gelangen, geht es über Stock und Stein. Kein Wunder, dass sich die Ziegen in den Ruinen pudelwohl fühlen.

Steile Straßen führen hinauf nach Monsanto, den kleinen Ort, der sich wie ein Adlerhorst an die Felsen schmiegt. Monsanto ist ungewöhnlich, ein Ort in und um die Felsen herumgebaut, die manchmal wie riesige Kugeln inmitten der Häuser zu schweben scheinen. Besonders erstaunlich ist die »casa de uma só telha«, die so geschickt gebaut wurde, dass sie einen Felsbrocken als Dach nutzt. Trotz seiner Einzigartigkeit und dem Ausblick auf die Landschaft der Beira Baixa zu Füßen des immerhin 758 Meter hohen Hügels geht es ruhig zu in den engen, immer weiter ansteigenden Straßen. 1938 wurde Monsanto zum portugiesischsten Dorf des Landes gekürt. Als Auszeichnung thront noch heute ein silberner Hahn, der Galo de Barcelos, an der Spitze der Torre Lucano.

Templerburg

Im 12. Jahrhundert eroberte König Afonso Henriques das heutige Portugal von den Mauren. Den Tempelrittern, die ihm in der Schlacht zur Seite gestanden hatten, schenkte er den Hügel, auf dem heute Monsanto liegt. Die Ordensmänner errichteten auf dem höchsten Punkt des Berges eine Burg, deren Überreste man noch heute bestaunen kann. Nach ungefähr zehn Minuten Fußmarsch vom eigentlichen Dorfkern erreicht man die beeindruckenden Mauern der Templerburg. Die kleine Capela de São Miguel do Castelo hält würdevoll Wind und Wetter stand. Statt Soldaten patrouilliert heute die eine oder andere Ziege auf der alten Burgmauer entlang. Jahrhundertelang widerstand die Burg zahlreichen Angriffen, denn so nahe der Grenze zu Spanien kam es immer wieder zu Übergriffen. Im 17. Jahrhundert belagerte Luis de Haro die Burg, im 18. Jahrhundert versuchte der Herzog von Berwick Monsanto einzunehmen. Doch alle Belagerungen blieben erfolglos. Erst als im 19. Jahrhundert ein Munitionsdepot versehentlich in die Luft flog, wurde die alte Templerburg zerstört.

Marafonas

Bei einem Bummel durch die Straßen trifft man auf ältere Frauen, die selbstgenähte Puppen als Andenken verkaufen. Die hübschen Figuren heißen Marafonas und bestehen unter dem farbenfroh gemusterten Stoff aus einem hölzernen Kreuz. Da man in Monsanto daran glaubt, dass die Puppen eine Göttin der Fruchtbarkeit symbolisieren, tragen die Frauen während der Tänze zum alljährlichen Fest der Kreuze eine Marafona bei sich. Jungvermählten Paaren rät man, eine solche Puppe in der Hochzeitsnacht unter das Ehebett zu legen.

INFO

PORTUGIESISCHE KÜCHE

Seit vielen Jahren bereitet João an seinem Herd portugiesische Köstlichkeiten wie die traditionellen Migas zu. Das Restaurant Petiscos & Granitos ist ein kleiner Familienbetrieb, der Speisesaal ist winzig, doch erstaunlicherweise finden alle Platz, denn auch auf der kleinen Terrasse stehen Tische und Stühle. Vom Miradouro Do Forno, oberhalb des Restaurants gelegen, kann man einen Blick auf das ungewöhnliche Lokal werfen. Es ist beeindruckend, wie das alte Gebäude unter dem runden Felsen zu ruhen scheint. Zu den »Spezialitäten« des Hauses gehört ein in der Serra de la Estrela beliebtes Dessert namens »papas de carolo«, hinter dem sich ein süßer Brei aus Mais und Milch verbirgt, der entfernt an Milchreis erinnert.

WEITERE INFORMATIONEN

Fremdenverkehrsbüro Posto de Turismo befindet sich in der Rua Marquês da Graciosa
6060-091 Monsanto

Restaurant Petiscos & Granitos
Rua do Castelo 16 6060-091 Monsanto

↖ Faszinierende Konstruktionen finden sich in diesem in den Felsen geschlagenen Ort hoch über der Beira Baixa.
↑ Eine fröhliche Dame bei der Herstellung der Marafonas.

22

IDANHA-A-VELHA – EINE ARCHÄOLOGISCHE FUNDGRUBE

DER SAGENUMWOBENE KÖNIG WAMBA

Als das Römische Reich den gesamten Mittelmeerraum beherrschte, war Idanha-a-Velha ein wichtiges Handelszentrum. Der beschauliche kleine Ort, in dem heute die Störche von den Dächern und Schornsteinen klappern, lag an einer der wichtigsten Handelsrouten.

Die alte Römerstraße, die einst über der Brücke verlief, verband schon vor über 1.000 Jahren Metropolen wie Emerita Augusta und Bracara Augusta, so wurden Mérida und Braga zu Zeiten des Römischen Reiches genannt. Dank dieser Straße wuchs die kleine Siedlung schnell. Als die Sueben im Zuge der Völkerwanderung auf die Iberische Halbinsel gelangten, nannten sie den Ort Egitania, vermutlich in Anlehnung an die einheimischen »Igaeditani«, einen iberisch-lusitanischen Volksstamm. An die 4.000 Menschen lebten in Idanha-a-Velha, ehe die Mauren nur dreihundert Jahre später den Ort eroberten. Sie tauften die Siedlung in Exitânia um und machten sie zu ihrem Verwaltungssitz, doch ihre Herrschaft in diesem Teil der Iberischen Halbinsel hielt nicht lange an.

Der sagenumwobene König Wamba

Der Sage nach soll in dem freundlichen kleinen Ort einst der legendäre König Wamba gelebt haben. Wamba war ein bedeutender westgotischer Herrscher, der König des Südens. Nachdem König Rekkeswinth gestorben war, ohne einen Nachkommen zu hinterlassen, hatte man Wamba als einen der mutigsten und stärksten Männer zu seinem Nachfolger bestimmt. Doch als die Boten in Idanha-a-Velha eintrafen, wollte Wamba die Wahl nicht annehmen. Er war nicht mehr der Jüngste und bestellte lieber in Ruhe seine Felder. Also schickte er die Abgesandten wieder fort und schwor, nur dann mit ihnen zu gehen, wenn ein Stock, den er wütend in die Erde stieß, erblühen würde. Der Sage nach schlug der hölzerne Stab schon am nächsten Morgen aus. So musste Wamba das hohe Amt annehmen und wurde als König der Westgoten gesalbt. Aus dem Stock wuchs eine stattliche Esche heran.

Von der Kathedrale zur Kirche

Im 13. Jahrhundert, nach der Eroberung der Stadt durch die Truppen des christlichen Herrschers Dom Afonso Henriques, wurde Idanha dem Templerorden überlassen. Auf den Grundmauern eines römischen Tempels errichteten die frommen Männer einen Wachturm und bauten den Ort zu einer Festung aus. Das Gotteshaus, das die frühchristlichen Westgoten errichtet hatten, wurde zwar restauriert, verlor aber seinen Status als Kathedrale, als der Bischofssitz nach Guarda verlegt wurde. Die Igreja de Santa Maria ist nur eine einfache Kirche, in deren Innenraum man noch Reste romanischer Wandmalereien bewundern kann. Angeblich sollen einige der Säulen, die beim Umbau der Kirche verwendet wurden, von einem römischen Venustempel stammen.

INFO

CASA DA VELHA FONTE

Das kleine Restaurant »Casa da Velha Fonte« mitten im Dorfzentrum, gleich neben der Fremdenverkehrsinformation, wird von der aus Lissabon stammenden Wirtin Maria Caldeira de Sousa geführt. Neben traditionellen portugiesischen Spezialitäten kocht sie auch makrobiotische Gerichte. Mit Leidenschaft bereitet sie leckere und gesunde Mahlzeiten aus Produkten der Region zu und bringt die Landschaft und die Geschichte Idanha-a-Velhas auf den Teller. Als Wandschmuck dient eine »Adufe«, ein altes Musikinstrument, das ähnlich wie eine Schlagtrommel gespielt wird, aber traditionell nur von Frauen benutzt wurde. Das gemütliche kleine Lokal ist das Herz der fröhlichen Dorfgemeinschaft in diesem beschaulich ruhigen und doch so lebendigen Ort. Hier trifft man sich sommers wie winters und trinkt eine Bica oder einen Vino.

WEITERE INFORMATIONEN

Casa da Velha Fonte: Rua da Amoreira 1, 6060-041 Idanha-a-Velha

← Heute wirkt Idaha-a-Velha verschlafen, doch in früheren Jahrhunderten verliefen wichtige Handelsrouten hier entlang.
↑ In der Kirche Santa Maria sind alte Wandmalereien erhalten geblieben.

23

CASTELO BRANCO – HISTORISCH UND MODERN

DIE WEISSE BURG

Die Motive der traditionellen Stickereien, deren Anfänge sich bis in die Zeit der maurischen Herrschaft zurückverfolgen lassen, finden sich in Castelo Branco nicht nur auf hübschen Textilen. Auch die Calçada, der Fußboden, ist über und über mit stilisierten Pflanzen- und Blumenmotiven geschmückt.

Als die von den Mauren eroberte Gegend des heutigen Portugals zur Befestigung des christlichen Reichs mit Dörfern und Klöstern besiedelt wurde, entstand vermutlich auch Castelo Branco. Die »weiße Burg« war eine von zahlreichen Festungen, die im Mittelalter unter der Herrschaft der Tempelritter errichtet wurden. Bald entwickelte sie sich zu einer kleinen Siedlung und wuchs in den folgenden Jahrhunderten zu einer blühenden Handelsstadt heran. Im 18. Jahrhundert ließ der Bischof von Guarda hier einen prachtvollen Garten im Stil des italienischen Barock anlegen, der sich in seinen Grundzügen bis heute kaum verändert hat. Über Treppen flaniert man zwischen Buchsbaumhecken und Orangenbäumchen zu einem kleinen Teich. Wasser ist im Jardim do Paço Episcopal allgegenwärtig. Außer den klassischen Statuen zahlreicher Heiliger zieren Büsten und Skulpturen sämtlicher portugiesischer Könige die Parkanlage.

Die Fundação Manuel Cargaleiro

Schon im Jahr 2005 wurde in einem restaurierten Palast der Altstadt die Fundação Manuel Cargaleiro eröffnet. Wenige Jahre später erweiterte man den Bau und schloss einen Neubau auf der gegenüberliegenden Seite des Platzes an, in dem die Ausstellungsräume heute das Werk des portugiesischen Künstlers zeigen. Außer zahlreichen Gemälden schuf Cargaleiro vor allem Kunstwerke aus Keramik. Beim Besuch der Ausstellung taucht man auf mehreren Etagen in die bunte Farb- und Formenwelt des Künstlers ein. Die traditionelle Kachelmalerei beherrschte der Portugiese schon früh, später beeinflusste sie auch den Stil seiner Gemälde. Im alten Stadtpalast kann man eine erstaunliche Sammlung alter und neuer Keramik bewundern.

Centro de Cultura Contemporânea

Ein architektonischer Hingucker ist das zwischen 2012 und 2013 erbaute Zentrum für zeitgenössische Kultur auf der neu gestalteten Praça Largo da Devesa. Für den ungewöhnlichen Entwurf wurden die Architekten, der aus Barcelona stammende Josep Lluís Mateo und der Portugiese Carlos Reis de Figueiredo, im Jahr 2000 – noch vor der Fertigstellung – mit einem Preis ausgezeichnet. Mit schwebenden Bögen und fast ohne Treppenstufen auskommend, sind die Übergänge der Stockwerke fließend. Mit dem neuen CCC verfügt Castelo Branco nun über eine 5.000 Quadratmeter große Ausstellungsfläche, ein Auditorium und sogar eine Eisbahn, die den Platz vor dem Kulturzentrum mit dem modernen Neubau verbindet.

INFO

PARQUE DO BARROCAL
Der Parque do Barrocal, etwas außerhalb von Castelo Branco gelegen, ist eine der ungewöhnlichsten Parkanlagen Portugals. 310 Millionen Jahre »Bauzeit« brauchte die Natur, um diese Landschaft zu formen. Die rund 40 Hektar große Grünfläche ist Teil des von der UNESCO anerkannten Geoparks Naturtejo und fasziniert besonders durch die geologischen Formationen, die die Erde hier vor langer Zeit aus der Tiefe an die Oberfläche transportiert hat. Mit sieben Aussichtspunkten, zahlreichen Lehrtafeln am Wegrand, einem Spielplatz und Posten zur Vogelbeobachtung gewann der 2020 eingerichtete Spazierpfad durch die von Granitfelsen geprägte Landschaft sogar einen renommierten Architekturpreis. Für Vogelbeobachter sind die Fotokurse interessant, die hier in regelmäßigen Abständen angeboten werden.

WEITERE INFORMATIONEN
Parque do Barrocal: Rua Adelino Semedo Barata, 6000-040 Castelo Branco,
Fundação Manuel Cargaleiro: Rua dos Cavaleiros 23, 6000-189 Castelo Branco,
fundacaomanuelcargaleiro.pt
Centro de Cultura Contemporânea: Rua do Campo dos Mártires da Pátria, 6000-097 Castelo Branco

↖ Königliche Statuen im Jardim do Paço Episcopal – Castelo Branco.
↑ Die Überreste der Festung auf dem Burgberg von Castelo Branco.

Im Frühling tauchen
die Sonnenstrahlen
die Häuser von Castelo Rodrigo
in ein warmes Licht.

24

NAZARÉ – DAS WUNDER VON SITIO

DIE WELLENREITER DER WILDEN KÜSTEN

Tosende Monsterwellen haben den kleinen Fischerort berühmt gemacht. Vor der Festung von Nazaré entstehen jedes Jahr im Winter die höchsten Wellen Europas. Während die Alten mit Respekt auf das aufgewühlte Wasser des Atlantiks blicken, fühlen sich junge Surfer von den Riesenwellen geradezu herausgefordert.

Vor vielen Jahrhunderten gaben Zisterziensermönche der Küstensiedlung den Namen Pederneira. 1912 entschieden die Einwohner jedoch, ihre Stadt umzubenennen. Seither heißt der Ort Nazaré, nach dem im höher gelegenen Viertel befindlichen Heiligtum Unserer Lieben Frau von Nazareth, dem Sitio del Santuário de Nossa Senhora da Nazaré. Pederneira wurde zur Bezeichnung des unteren Stadtteils der kleinen Siedlung an der Atlantikküste.

Largo de Nossa Senhora da Nazaré

Eine Standseilbahn führt in das 110 Meter hoch gelegene Sitio-Viertel hinauf. Wallfahrer sammeln sich auf dem Platz vor dem Heiligtum, an kleinen Ständen werden Feigen, getrocknetes Obst und Kekse zum Verkauf angeboten. Besonders die bunten Trachten der Verkäuferinnen ziehen Blicke auf sich. Bis zu sieben Röcke tragen die Damen in Nazaré übereinander: Sete Saias da Nazaré heißt diese traditionelle Bekleidung, die mal kurz, mal lang ausfallen kann, aber immer farbenfroh daherkommt.
Am Rande des Largo de Nossa Senhora da Nazaré erinnert ein Kreuz an den großen portugiesischen Seefahrer Vasco da Gama, der die Wallfahrtsstätte in Nazaré aufgesucht haben soll, bevor er zu seiner ersten Weltumsegelung aufbrach. Direkt neben dem Kreuz steht eine kleine Kapelle, die Ermida da Memoria. Der Legende nach soll die Madonna einem Reiter das Leben gerettet haben, als dieser in schnellem Galopp während der Jagd einem Hirsch folgte. Im dichten Nebel sprang der Hirsch in den Abgrund, doch die Madonna lenkte das Pferd rechtzeitig ab und verhinderte den Sturz des Reiters. Zum Dank ließ der edle Ritter die Kapelle errichten.

Die Big Waves

Auf einem schmalen Felskamm erheben sich die alte Festung und der Leuchtturm von Nazaré. Eine geologische Besonderheit lässt die Wellen hier so hoch werden wie nirgendwo sonst auf der Welt. In einer fünf Kilometer tiefen Schlucht vor der Küste wird die Energie der Wellen so gebündelt, dass das Wasser in diesem Canyon schneller auf das Ufer zuströmt als die Wellen über dem flacheren Küstenabschnitt. Sobald die Wellen unterschiedlicher Geschwindigkeiten circa hundert Meter vor der Küste aufeinandertreffen, türmen sie sich zu Monsterwellen auf. Während die Fischer diese Wogen, die es hier immer schon gab, respektvoll »Witwenmacher« nennen, fühlen sich professionelle Surfer magisch angezogen. Der aktuelle Weltrekord der Big Wave Surfer liegt bei einer 26,21 Meter hohen Welle, die der Deutsche Sebastian Steudtner 2020 in Nazaré bezwang.

← »Ondas gigantes« nennen die Portugiesen die tosenden Wellen, die sich jedes Jahr im November vor der Küste von Nazaré auftürmen.
↓ Wildromantisch und nachhaltig ist das Hotel Areias Do Seixo.

INFO

AREIAS DO SEIXO

Das »Areias do Seixo« ist ein Luxushotel mit Biogarten. Gonçalo war begeisterter Surfer und wollte eine Unterkunft schaffen, in der die Nähe zur Natur in allen Bereichen spürbar sein sollte. So entwarf er zusammen mit seiner Frau Marta das »Areias do Seixo«. Zum nachhaltigen Konzept dieses sinnlichen Paradieses am Atlantik gehören nicht nur die Nutzung der Sonnenwärme und des Regenwassers: In einem ökologisch angelegten Gemüsegarten sorgen Hühner für fruchtbaren Boden, auf dem das Biogemüse für die Hotelküche wächst. Fahrradtouren und Surfkurse bringen Spaß neben und auf dem Wasser, Spa und Yogakurse sorgen für Entspannung. Das Besondere: Eine der angebotenen Aktivitäten führt die Gäste in den Biogarten, wo nicht nur Gemüse geerntet, sondern in der Hotelküche anschließend ein leckeres Mahl zubereitet wird.

WEITERE INFORMATIONEN

Areias do Seixo: Praceta do Atlântico, Póvoa de Penafirme, 2560-046 A dos Cunhados
areiasdoseixo.com

25

FÁTIMA – DIE DREI PROPHEZEIUNGEN

DAS PORTUGIESISCHE LOURDES

Anfang des 20. Jahrhunderts erschien in dem kleinen, bis dahin unbekannten Ort mitten in Portugal drei Kindern die Jungfrau Maria. Heute ist Fátima nach dem französischen Lourdes der zweitgrößte und bedeutendste Marien-Wallfahrtsort Europas.

Rund 130 Kilometer nördlich von Lissabon liegt Fátima, deren Wurzeln bis zu den Mauren zurückreichen – auch der Name. 1147 wurde der Ort von christlichen Portugiesen zurückerobert. Laut Legende verliebten sich eine maurische Gefangene namens Fátima und ein Tempelritter. Sie trat zum Christentum über und nahm den Namen Oureana an.

Das Wunder von Fátima

In den Jahren 1916 und 1917 hatten die drei Kinder Lucia dos Santos (10), Jacinta (7) und Francisco Marto (8) Erscheinungen – erst von einem Engel und später von der Jungfrau Maria. Sie lebten damals in Aljustrel, einem Dorf in der Nähe von Fátima. Ihre beiden Elternhäuser kann man heute besichtigen; von hier aus starten abends Kerzenprozessionen. Diese führen nach Cova da Iria, Tal des Friedens, wo den Kindern am 13. Mai 1917 erstmals die Muttergottes erschien und zur Buße aufrief. Jeden Monat am 13. kehrte sie zurück – bis zum Oktober. Damals waren 70.000 Menschen zugegen und erlebten das sogenannte Sonnenwunder, das bis heute wissenschaftlich nicht erklärt werden kann. Den Menschen schien es, als rotierte die Sonne am Himmel und käme auf sie zu. Drei Prophezeiungen hatten die Kinder erhalten: den Aufstieg des Kommunismus, den Zweiten Weltkrieg und ein Attentat auf den Papst. Letztere wurde erst im Juni 2000 vom Vatikan enthüllt. Lucia hatte sie aufgeschrieben, sie war später Nonne geworden. Die beiden Geschwister Jacinta und Francisco lebten da schon nicht mehr; sie sind früh an der Spanischen Grippe gestorben. Papst Johannes Paul II. sprach die beiden selig und am 100. Jahrestag der Erscheinung erfolgte in Fátima durch Papst Franziskus ihre Heiligsprechung. Dort erstreckt sich heute ein riesiger Kirchenkomplex, das Santuário de Fátima. Herzstück ist die Capelinha das Aparições, die bereits 1919 gebaut wurde – an der Stelle, wo die Jungfrau erschienen war. Davor steht eine Marienstatue, in deren Krone sich eine vergoldete Kugel befindet: Mit ihr war 1981 auf Papst Johannes Paul II. geschossen worden. Da immer mehr Gläubige hierherkamen, wurde ab 1928 die neobarocke Rosenkranzbasilika, Basílica de Nossa Senhora do Rosário, errichtet. Sie steht am Ende des größten Kirchenplatzes der Welt und beeindruckt mit ihren Kolonaden und dem prächtigen Turm. In ihr wurden Jacinta, Francisco und auch Lucia beigesetzt, die 2005 starb. 2007 wurde die moderne Dreifaltigkeitskirche, Basílica da Santíssima Trinidade, geweiht – sie hat einen Durchmesser von 125 Metern und Platz für rund 9.000 Menschen.

INFO

ZURÜCK INS MITTELALTER

Rund zehn Kilometer östlich von Fátima liegt der mittelalterliche Ort Ourém. Der Name geht ebenfalls zurück auf jene Fátima bzw. Oureana. Schon von Weitem ist das von einer Mauer umgebene Ourém zu erkennen – durch die Lage auf einem Hügel. Blickfang ist das Castelo, das als eine der schönsten Burgen Portugals gilt. Teil der Festung ist das Paço dos Condes, ein Herrenhaus aus dem 15. Jahrhundert. Ourém selbst besticht durch verwinkelte Gassen und weiße, mit Blumen geschmückte Häuser. Im nächsten Tal liegt der neuere Teil der Stadt, Vila Nova de Ourém, der nach dem Erdbeben von 1755 entstanden ist.
Ganz in der Nähe, auf einem Berg der Serra de Alburitel, hängt seit Mai 2020 die Panoramaschaukel Talegre. Nachdem sie errichtet war, wurde sie schnell zu einem beliebten Fotomotiv auf Social-Media-Plattformen. Von der Schaukel aus bietet sich ein atemberaubender Blick über die Landschaft.

WEITERE INFORMATIONEN

fatima.pt
centerofportugal.com
visitportugal.com

↖ In der Rosenkranzbasilika sind die drei Kinder bestattet.
↑ Bilder im Inneren der Kirche zeigen ihre Geschichte.

26

TOMAR – SITZ DES TEMPLERORDENS

DER CHRISTUSORDEN UND DIE EROBERUNG DER WELT

Den mitten in Portugal gelegenen Ort Tomar gibt es eigentlich nur wegen des legendären Templerordens. Der riesige Baukomplex, bestehend aus Templerburg und Christusordensburg, wurde 1983 zum UNESCO-Weltkulturerbe erklärt.

Sie ist das Erste, was man von der wunderschönen, mittelalterlichen Stadt erblickt: die mächtige Templerburg auf dem Berg. Es war Mitte des 12. Jahrhunderts, als sich der Templerorden unter dem Großmeister Gualdim Pais in dieser Gegend am Fluss Nabão niederließ. Die Ländereien hatte der Orden vom portugiesischen König Afonso Henriques bekommen – als Dank für die Hilfe gegen die Mauren. Gualdim Pais ließ nicht nur die Burganlage errichten, sondern auch den Ort. Seine Statue steht heute im Zentrum der Stadt. Anfang des 14. Jahrhunderts dann wurde der Templerorden in Europa aufgelöst und seine Mitglieder verfolgt. Der damalige portugiesische König Dinis griff zu einem kleinen, aber wirkungsvollen Trick: Aus dem Templerorden wurde hier der Christusorden. Hundert Jahre später wurde Prinz Heinrich der Seefahrer Ordensleiter des Christusordens und finanzierte so die Entdeckungsreisen, die aus Portugal eine Weltmacht machten.

Templerstadt

Über Serpentinen erreicht man die Burg, das Wahrzeichen Tomars – inmitten einer riesigen Parkanlage gelegen und umgeben von einer Festungsmauer. Die Christusritterordensburg, Convento da Ordem de Cristo, gilt als eine der bedeutendsten Renaissance-Bauten Portugals und umfasst mehrere, durch acht Kreuzgänge verbundene Gebäude. Entstanden ist der Komplex zwischen dem 12. und 17. Jahrhundert. Kernstück und ältestes Gebäude ist die zinngekrönte Templerkirche – eine Rundkirche mit einem achteckigen Innenraum. Sie ist der Grabeskirche in Jerusalem nachempfunden. Direkt an die Templerkirche grenzt die prunkvolle Christusritterkirche – errichtet wurde sie im frühen 16. Jahrhundert im manuelinischen Stil. Besonders beeindruckend ist das berühmteste Fenster Portugals, das »Janela de Tomar« an der Westfassade. Eingerahmt ist es von steinernen Korallen, Muscheln und verknoteten Tauen. Am besten lässt man sich einfach treiben und erkundet wachen Auges die Anlage, um die ganze Pracht zu entdecken.
Die historische Altstadt ist ebenfalls sehr einladend – mit der zentralen Praça da República samt ihrer schönen Pflasterung, den vielen Cafés und Lädchen sowie dem Rathaus. Hier steht auch die um 1490 erbaute Kirche São João Baptista mit ihrem manuelinischen Portal und dem Templerkreuz über der Kanzel. In Tomar befinden sich übrigens das älteste jüdische Viertel und die älteste erhaltene Synagoge Portugals aus dem 15. Jahrhundert. Östlich davon überspannt die alte Brücke, Ponte Velha, den Nabão mit dem idyllischen Parque do Mouchão.

INFO

SCHNELLE KÜSSE

Viele der portugiesischen Desserts und Süßspeisen haben ihren Ursprung in den Klöstern. Früher nutzten die Nonnen Unmengen an Eiweiß, um ihre Kleidung zu stärken. Das Eigelb war überflüssig, doch zum Wegwerfen viel zu schade. Zusammen mit Zucker von den Zuckerrohrplantagen Madeiras entstanden unterschiedlichste Spezialitäten in den Klöstern, so auch in Tomar. Dessen bekannteste Süßspeise sind die Fatias de Tomar (Scheiben aus Tomar), früher auch »Chinascheiben« genannt. Sie sehen aus wie gelbe feuchte Brotscheiben. Hauptbestandteil ist natürlich Eigelb, das eine halbe Stunde von Hand geschlagen werden muss, bevor es in einem besonderen Topf im Wasserbad gegart wird. Anschließend werden die Scheiben in Zuckersirup eingeweicht. Wann und wie sie entstanden sind, ist nicht überliefert; erstmalig erwähnt werden die Fatias 1876. Eine andere süße Köstlichkeit sind die Beija-me-depressa (Küss mich schnell): gelbe weiche Kugeln, die im Mund schmelzen.

WEITERE INFORMATIONEN

estrelasdetomar.pai.pt
conventocristo.gov.pt

← Zu Zeiten der Tempelritter zählte Tomar zu den einflussreichsten Orten der Iberischen Halbinsel.
↑ Die achteckige »Charola«, die Gebetskapelle, ist das Herzstück der Anlage.

27

PENICHE – FREIHEIT UND WIDERSTAND

DIE LETZTEN NETZFLICKERINNEN

Peniche lebte viele Jahre lang vom Fischfang. Besonders Sardinen fanden von hier aus ihren Weg auf die Märkte und in Restaurants. Im Hafen sitzen auch heute noch die Atadeiras und reparieren die Risse in den Maschen, ehe es wieder hinaus auf See geht.

Am Rande der Halbinsel von Peniche stemmt sich eine trutzige Burg gegen die an die Felsen brausenden Wogen des Atlantiks. Die im 16. Jahrhundert errichtete Fortaleza war ein wichtiger Teil des Festungsrings, der dem Schutz der Küste diente. Ab dem 19. Jahrhundert wurde die Anlage jedoch als Gefängnis genutzt. Unter der Herrschaft des Diktators Salazar hielt man in den alten Mauern politische Gefangene fest. An diese Zeit will das Museum des Widerstands und der Freiheit erinnern, das sich heute in der Praça-forte de Peniche befindet. Die Ausstellung erklärt die Entstehung der portugiesischen Diktatur und die Kolonialkriege. Aber auch die bewegende Geschichte der Männer und Frauen, die für Freiheit und Demokratie kämpften, wird erzählt: Auf mehreren Etagen wird von den dramatischen Fluchten und der Befreiung der Gefangenen berichtet.

Die Atadeiras – die letzten Netzflickerinnen

Durch Anhäufung der Sedimentablagerungen an einem Dünenstreifen vor der Küste wurde die ursprüngliche Insel Peniche im Laufe der Jahrhunderte ans Festland angeschlossen. Archäologische Funde phönizischer und römischer Handelsschiffe, beladen mit Amphoren, in denen Wein und Garum transportiert wurde, belegen, dass an der steilen Felsenküste schon früh ein reger Handel stattfand. Im Mittelalter lebten die Menschen vorwiegend vom Fischfang. Eine Zeit lang wurden sogar Wale gejagt, die sich in den tiefen Wassern des Atlantiks tummeln. Doch die Haupteinnahmequelle des kleinen Hafens waren und sind Sardinen.
Wenn die Schiffe geputzt und die Netze getrocknet werden, dann kommen die Atadeiras, die Netzflickerinnen. Mit geübten Fingern kontrollieren sie die Maschen, flicken kleine Löcher, bessern aus und zurren fest. Es ist ein aussterbender Beruf, denn wirklich viel gibt es nicht mehr zu tun. Gut bezahlt ist diese traditionelle Tätigkeit leider nicht. Die meisten der Frauen, die heute im Hafen von Peniche auf dem Boden sitzend Netze flicken, haben schon als Kinder auf diese Weise ihr Brot verdient. Die jahrzehntelange Erfahrung merkt man den geschickten Bewegungen an, kein noch so kleiner Riss entgeht ihren Augen. Wenn ein Schiff zur Reparatur auf der Werft liegt, werden auch die großen Fangnetze generalüberholt. Für junge Leute, die ihre Miete zahlen und ihre Familie ernähren müssen, ist das Flicken der Netze kein attraktiver Broterwerb mehr. Doch noch kann man sie im Hafen sitzen sehen und bei ihrer Arbeit bewundern, die letzten Atadeiras von Peniche.

INFO

ARQUIPÉLAGO DAS BERLENGAS

Die Berlenga-Inseln liegen dicht vor der portugiesischen Küste, von Peniche aus mit bloßem Auge zu sehen. An manchen Tagen kann das Meer hier rau sein, dann ist es ein ungemütlicher Ritt auf den Wellen, um dorthin zu gelangen. Doch das 2011 von der UNESCO zum Weltbiosphärenreservat erklärte Archipel bezaubert mit seinen Felsen und der besonderen Flora und Fauna. Seevögel nisten zwischen den schroffen Felsen sowie Grotten und Höhlen ziehen Taucher in die faszinierende Unterwasserwelt.
Der gesamte Energiebedarf der bewohnten Hauptinsel Berlenga wird nachhaltig von Sonnenkollektoren erzeugt. Im Hafen von Peniche legen täglich Fähren in Richtung der Berlengas ab. Da die Inseln ein Naturreservat sind, ist die Anzahl der erlaubten Gäste pro Tag begrenzt. Besuche sind nur in den Sommermonaten möglich.

WEITERE INFORMATIONEN

Museum Fortaleza de Peniche: Campo da República 609, 2520-607 Peniche
Fähren: viamar-berlenga.com

↖ Nicht immer ist die See so ruhig in Peniche. Jahrtausendelang haben die Wellen des Ozeans hier ihre Spuren in den Felsen vor der Küste gegraben.
↑ Fischer und Netzflickerinnen im Hafen.

28

ÓBIDOS – STADT DER KÖNIGINNEN UND BÜCHER

IM BÜCHERHIMMEL

In dem mittelalterlichen Städtchen Óbidos spielen tatsächlich Bücher die Hauptrolle. Die malerische Vila Literária ist der Traum aller Bücherwürmer. So unterschiedlich die Werke, so verschieden sind auch die Buchläden in der »Stadt der Königinnen«.

Mit den von blühenden Bougainvilleen geschmückten weißen Häuschen, zwischen denen kopfsteingepflasterte Gassen zur Burg hinaufführen, ist Óbidos eine zeitlos elegante Schönheit. Den Beinamen »*Vila das Rainhas*« erhielt das Städtchen, weil es einst das Hochzeitsgeschenk eines portugiesischen Königs an seine Gemahlin war. Später taten mehrere nachfolgende Herrscher es ihm gleich und so wurde Öbidos zur Stadt der Königinnen.

Marienkult

Eines der schönsten Beispiele der portugiesischen Kachelkunst ist Óbidos' Hauptkirche, die Igreja de Santa Maria. Errichtet wurde die mit traditioneller Fliesenmalerei geschmückte Kirche schon als Moschee, möglicherweise ist ihr Ursprung sogar noch älter. Fest steht, dass sie zu einem christlichen Gotteshaus umgebaut wurde, nachdem König Afonso Henriques die Stadt im 12. Jahrhundert von den Mauren erobert hatte. Im Lauf der Jahrhunderte ließen die Königinnen den Innenraum der Kirche nach ihrem jeweiligen Geschmack umgestalten. Ein besonderer Schatz ist das Altarbild der portugiesischen Barockmalerin Josefa d'Óbidos, in dem die Künstlerin 1661 Szenen aus dem Leben der heiligen Catalina von Alexandria festhielt.

Stadt der Bücher

In der historischen Altstadt sind rund 3.000 Menschen und eine halbe Million Bücher zu Hause. Seit 2005 gehört Óbidos deswegen auch zum Cities-of-Literature-Programm der UNESCO. Aber es sind nicht nur die vielen Buchläden, die aus Óbidos eine Literaturstadt machen. Zweimal im Jahr heißt der kleine Ort Gastschriftsteller aus Partnerstädten willkommen, die auf der Suche nach Ruhe und Inspiration im Herzen Portugals neue Projekte umsetzen können. Jedes Jahr im Oktober finden im Rahmen des Literaturfestivals Fólio zahlreiche kulturelle Aktivitäten wie Diskussionsrunden, Konzerte, Theateraufführungen und Lesungen mit Schriftstellern aus aller Welt statt.
Unter den vielen kleinen Geschäften, die antike Folianten, Secondhand-Bücher, moderne portugiesische Literatur oder auch Bestseller zusammen mit Bio-Food verkaufen, ist die Igreja Santiago sicherlich das beeindruckendste Beispiel für die Kreativität der Stadt. Die nach dem Erdbeben 1755 wieder aufgebaute Kirche ist heute über und über mit Bücherregalen gefüllt. Statt Kerzen und Kreuzen schmücken bunte Einbände tausender Geschichten und Erzählungen das ehemalige Gotteshaus.

INFO

ADEGA MAE

Gut 30 Minuten Autofahrt von Óbidos entfernt liegt ein Weingut nahe der Küste. Die Rebstöcke der Kellerei »Adega Mae« sind den frischen Winden des Atlantiks zugewandt. Das Gebäude des Weinkellers inmitten der grünen Weinberge ist ein Blickfänger: Der moderne Bau ahmt nicht die sanften Hügel der umgebenen Landschaft nach, sondern durchbricht sie mit geraden Linien und offenen Formen. Während einer Besichtigung steigt man unter anderem hinab in den Keller, in dem die edlen Reservas in alten Eichenfässern reifen. Bei einer Verkostung der roten und weißen Rebensäfte kann man den Einfluss der Meeresbrise schmecken, die den hier produzierten Weinen eine leichte Säure und Frische verleiht. Der Name des Weinguts »Adega Mae« erinnert an die Mutter der Gründer, Manuela Alves, denn Mae bedeutet übersetzt Mutter.

WEITERE INFORMATIONEN

Adega Mae: Estrada Municipal 554 – Fernandinho, 2565-841 Ventosa, Torres Vedras, adegamae.pt
Literaturstadt Óbidos: obidosvilaliteraria.com
Fólio-Festival: foliofestival.com

↖ Malerische Gassen und bunt blühende Blumen zieren die Stadt der Königinnen.
↑ Die Weinstöcke des Weinguts Adega Mae.

Der farbenfrohe Palácio da Pena ist die Top-Sehenswürdigkeit Portugals. Das Märchenschloss thront ganz oben auf einem Berg und ist umgeben von einem verzauberten Park.

LISSABON-REGION

Traumstrände, Naturparks und verwunschene Schlösser – große Vielfalt rund um Lissabon

29

SINTRA – MÄRCHENSTADT

DER SOMMERSITZ DER PORTUGIESISCHEN KÖNIGE

In die kühlen Berge von Sintra flohen die Königsfamilie und Adelige ab dem 14. Jahrhundert vor der Sommerhitze Lissabons. Es entstanden Herrenhäuser und märchenhafte Paläste inmitten wunderschöner Parks und Gärten.

Ein bisschen versteckt liegt Sintra in der Hügellandschaft vor den Toren Lissabons. Entweder erwartet einen die Stadt ganz malerisch mit blauem Himmel und Sonnenschein oder mystisch grau mit Regen oder Nebel – aber immer märchenhaft. In dem kleinen Ort mit ziegelgedeckten Häusern, die sich den Berghang hinaufziehen, gibt es eine Menge zu entdecken. Am besten startet man mit einem Bummel durch die Altstadt und probiert eine der berühmten Naschereien wie die Queijadas, eine Art Käseküchlein, oder Travesseiros, die aus Blätterteig mit Ei und Mandelcreme hergestellt werden.

Von fast überall sind sie zu sehen: die konischen Schornsteine des weißen Palácio Nacional de Sintra. Das Wahrzeichen Sintras im Zentrum der Stadt, entstanden auf den Resten eines maurischen Alcázar, war vom 14. bis zum frühen 20. Jahrhundert königliche Sommerresidenz. Aus allen Epochen sind Azulejos in dem gotischen Palast angebracht und zeigen so die Entwicklung der portugiesischen Kacheln. Zudem ist jeder Saal anders dekoriert und entsprechend benannt. Im Saal der Elstern z. B. sind diese auf Gemälden abgebildet. Die Elstern stehen für tratschende Damen am Hofe. Außerhalb der Altstadt liegt die Quinta da Regale Ira, umgeben von prächtigen Gärten mit geheimen unterirdischen Tunneln und einem 30 Meter tiefen Brunnen mit Wendeltreppe.

Der deutsche Prinz

Weiter geht es den Berg hinauf – auf verschlungenen Wanderwegen oder die Serpentine empor. Als Erstes stößt man im Wald auf die Ruinen des Castelo dos Mouros. Erbaut im 8. Jahrhundert von den Mauren, wurde es im 12. Jahrhundert von den Portugiesen erobert, die die Anlage dann verfallen ließen. Im 19. Jahrhundert wurden die noch vorhandenen Reste renoviert. Heute kann man auf der Festungsmauer entlanglaufen – ein tolles Panorama zu Füßen.

Höhepunkt ist aber der benachbarte Palácio Nacional de Pena ganz oben auf dem Berg. Der Königspalast mit Türmen und Kuppeln in Gelb, Rot und Blau vereint verschiedenste architektonische Stilrichtungen, vom Maurischen bis zur Gotik – ein Gesamtkunstwerk. Errichten ließ den Märchenpalast ab 1840 Ferdinand II., Prinz von Sachsen-Coburg und Gotha, der mit der portugiesischen Königin Maria II. verheiratet war. Er ist mit originalen Möbeln ausgestattet und kann besichtigt werden. In dem weitläufigen Schlosspark mit den riesigen Bäumen und Teichen kann man sich verlieren. Hier befindet sich auch der Aussichtspunkt »Cruz Alta«, von wo aus sich ein atemberaubender Blick auf den Palast und das Umland bis hin zum Atlantik bietet.

INFO

DAS ENDE EUROPAS

… ist rund 20 Kilometer von Sintra entfernt – und zwar dort, »wo die Erde endet und das Meer beginnt«, wie es der portugiesische Nationaldichter Luís de Camões im 16. Jahrhundert so schön beschrieb. Gemeint ist damit der westlichste Punkt des europäischen Festlandes, das Cabo da Roca. Trotz der faszinierenden Kulisse verweilt man hier nicht allzu lange: ein Blick die 140 Meter hohen Klippen hinunter, die Steilküste entlang und auf die Weite des Atlantiks; ein Foto vor dem Steindenkmal mit Kreuz und beschrifteter Tafel und eines vom rot-weißen Leuchtturm, dem Wahrzeichen des Kaps. Dieser ist übrigens einer der ältesten Portugals, er ging 1772 in Betrieb. Durch seine erhöhte Lage beträgt die Reichweite des 22 Meter hohen Turmes 48 Kilometer. Rund um das Kap gibt es Strände, die zum Teil nur mit einiger Mühe erreichbar sind. Einer der schönsten und auch wildesten ist der Surferstrand Praia do Guincho.

WEITERE INFORMATIONEN

cm-sintra.pt
visitportugal.com

↖ Auf einem hohen Kliff direkt am Atlantik liegt der westlichste Punkt Europa: das Cabo da Roca.
↑ Besonders mystisch wirkt der Pena-Palast bei Nebel.

30

CASCAIS & ESTORIL – DIE KÜSTE DER KÖNIGE

DER GEBURTSORT VON JAMES BOND

Vor den Toren von Lissabon, wo der Tejo in den Atlantik mündet, befinden sich die beiden Seebäder Cascais und Estoril. Der Küstenabschnitt trägt den Namen »portugiesische Riviera« und lockte früher die Reichen und Adeligen an.

Am einfachsten und entspanntesten gelangt man vom Lissaboner Bahnhof Cais do Sodré mit dem Vorortzug in 30 bis 40 Minuten zu den zwei benachbarten Küstenstädten Estoril und Cascais. Beide ehemaligen Fischerdörfer haben sich zu berühmten Badeorten gemausert. Über eine Uferpromenade sind sie miteinander verbunden, die lädt zum Bummeln und Radfahren ein – dazwischen immer wieder große und kleine verlockende Sandstrände. Meistens ist das Meer hier eher ruhig, außer im Winter, dann toben auch mal hohe Wellen – ein fantastisches Spektakel.
Seinen Ruhm erlangte der Küstenabschnitt ab dem späten 19. Jahrhundert. Damals entschied sich König Luís I., seine Sommerresidenz wegen des milden Klimas hierher zu verlegen, in die Zitadelle von Cascais. Er war der Sohn von Ferdinand, der den Pena-Palast in Sintra bauen ließ. Die Anwesenheit der königlichen Familie zog dann auch den Adel und die reiche Oberschicht der Hauptstadt an, was der Region den Titel »Badewanne der Lissabonner« einbrachte.

007 an der portugiesischen Riviera

Mit Beginn des 20. Jahrhunderts zog es auch viele Auswärtige hierher: im Exil lebende Königsfamilien aus Spanien, Italien, Bulgarien und Rumänien sowie Flüchtlinge aus Nazi-Deutschland, denn Portugal war politisch neutral. Zudem wurde Estoril zum Treffpunkt für Spione aus aller Welt. Einer von ihnen war der junge Brite Ian Fleming, der hier in den 1940er-Jahren im Fünf-Sterne-Hotel »Palacio Estoril« wohnte und öfter im 1931 eröffneten Casino zu Gast war, das bis heute größte und bekannteste Europas. Fleming überwachte den serbischen Doppelagenten Duško Popov. Dieser inspirierte ihn angeblich zu seiner späteren Romanfigur James Bond und seinem ersten Buch »Casino Royal«, das 1953 erschien. Das glamouröse Hotel gibt es noch immer; 1968 wurden hier und in der Umgebung Teile des Bond-Filmes »Im Geheimdienst Ihrer Majestät« mit George Lazenby als 007 gedreht. Estoril und das »Palacio Hotel« wurden zum Tummelplatz von Filmstars wie Audrey Hepburn, Zsa Zsa Gabor oder Grace Kelly.
In der Villa Giralda lebten die Eltern und Geschwister des späteren spanischen Königs Juan Carlos, hier kam es 1956 zu dem tödlichen Unfall seines jüngeren Bruders Alfonso. Der letzte italienische König Umberto II. fühlte sich dagegen in Cascais wohler. Nachdem er von 1950 bis 1961 in der Villa D'Este gewohnt hatte, zog er in die für ihn gebaute Villa Itália, die heute ein Luxushotel ist.

INFO

HÖLLISCH GUT

Ein faszinierender und meditativer Ort ist die Steilküste hinter Cascais. Hier befindet sich das Boca do Inferno, der Höllenschlund. Ursprüngliche eine Höhle, blieben nach einem Einsturz ein Gesteinsbogen und eine Grotte übrig. Wenn es stürmisch ist und sich das tosende Meer durch die Öffnung presst, entsteht ein stöhnendes Geräusch – so entstand der Name.
Aber auch kulinarisch braucht sich Cascais nicht zu verstecken. Im Herzen der Stadt gibt es das gemütliche Café »House of Wonders« der Niederländerin Anna. Sie bietet Kuchen sowie vegetarische Gerichte aus dem Nahen Osten und dem Mittelmeerraum aus saisonalen und regionalen Produkten an. Der Clou ist die Dachterrasse mit einer großartigen Aussicht. Wer experimentierfreudig ist, ist beim einheimischen Küchenchef Daniel Estriga genau richtig. In seinem in einer ruhigen Gegend gelegenen »Conceito Food Store« gibt es wechselnde Degustationsmenüs aus lokalen Produkten.

WEITERE INFORMATIONEN

cascais.pt
facebook.com/houseofwonders
conceitofoodstore.pt

← Westlich von Lissabon erstreckt sich eine mondäne und gleichzeitig entspannende Küstenregion, die portugiesische Riviera.
↑ Der Palácio Seixas in Cascais stammt aus dem frühen 20. Jahrhundert.

31

SETÚBAL – VOR DEN TOREN LISSABONS

BERGE, MEER UND WEIN

Wer kein Fußballfan ist, dem ist Setúbal wahrscheinlich kein Begriff. Von hier stammt Startrainer José Mourinho. Auch sonst hat Setúbal viel zu bieten: eine beschauliche Altstadt, leckeren Wein und frischen Fisch – sowie Strände und einen Naturpark.

Setúbal liegt rund 50 Kilometer südlich von Lissabon – auf der gleichnamigen Halbinsel in einer Bucht. Auf den ersten Blick erscheint die Hafen- und Industriestadt wenig einladend, bis man die entzückende Altstadt erreicht. Ein portugiesischer Traum mit hübschen Plätzen, engen Gassen und Azulejos. Bereits im 14. Jahrhundert zählte Setúbal zu den wichtigsten Häfen Portugals, was der Stadt zu Reichtum verhalf. Zum Schutz ließ Felipe II. Ende des 16. Jahrhunderts die sternförmige Festung São Filipe errichten.

Die Stadt beherbergt einen architektonischen Schatz: das Convento de Jesus. Es ist das älteste Bauwerk Portugals im Stil der Manuelinik. Sehenswert ist auch das Rathaus mit seinem prächtigen Inneren – außen ist es so lila wie die Flagge Setúbals. Über die Stadt verteilt stehen vier der typischen Skulpturen des Bildhauers João Duarte. Zwischen Altstadt und Hafen befindet sich ein Art-déco-Gebäude von 1930, das Innere verziert mit Azulejos: der Mercado do Livramento, einer der bestsortierten Fischmärkte. Hier gibt es u. a. fangfrischen Tintenfisch, Seezunge, Sardinen, Kabeljau sowie Entenmuscheln und portugiesische Austern, die hier in den nährstoffreichen Gewässern ideale Bedingungen vorfinden. In der riesigen Markthalle wird außerdem eine Vielzahl regionaler Produkte verkauft. Der Mercado gilt als einer der besten Märkte der Welt, laut der Zeitung »USA Today«, dennoch verirren sich kaum Fremde hierher.

Schönster Strand Europas

Westlich von Setúbal liegt die Serra da Arrábida, ein kleiner, aber vielfältiger Naturpark. Die grünen Berge erstrecken sich bis ans Meer und gehen entweder in Steilküsten oder abgelegene Sandstrände über. Die Praia de Galapinhos wurde 2017 als schönster Strand Europas ausgezeichnet. In den küstennahen Gewässern sind oft Delfine zu sehen, die sich hier permanent aufhalten.

Ganz im Südwesten der Halbinsel ragt das Cabo Espichel mit seinen 170 Meter hohen Steilklippen ins Meer. Und wenn man genau hinschaut, kann man Spuren von Dinosauriern entdecken, die hier einst lebten. 614 Abdrücke gibt es in der näheren Umgebung. Wahrzeichen des Kaps sind der Leuchtturm, die barocke Wallfahrtskirche Santuário de Nossa Senhora do Cabo und die Kapelle Ermida da Memória. Beide Gotteshäuser sind der Jungfrau Maria gewidmet, die hier einst auf einem Maultier erschienen sein soll. Für Hollywood übrigens sind das Kap und die Gebäude die perfekte Filmkulisse. So wurden hier u. a. Szenen aus Isabel Allendes »Geisterhaus« und Wim Wenders »Lisbon Story« verfilmt.

INFO

WEIN UND KÄSE

Für eine Sache ist Sétubal in Portugal bekannt, weniger jedoch außerhalb des Landes: Moscatel de Setúbal. Nach dem Madeira und Portwein ist er der dritte große Dessertwein. Damit er sich so nennen kann, muss er mindestens 85 Prozent der Rebsorte Muscat d'Alexandrie enthalten – oder Moscatel Roxo, die aber seltener ist. Und die Trauben müssen von der Halbinsel Sétubal oder dem Gebiet südlich davon stammen. Das Besondere ist der lange Kontakt mit der Maische, was dem süßen Wein seinen würzigen Geschmack verleiht. Die bekannteren Weingüter und -kellereien sind die »Casa Ermelinda Freitas«, »Horácio Simões«, die »Quinta da Bacalhõa« und »José Maria de Fonseca«. Die beiden letzteren befinden sich in dem kleinen Ort Azeitão – und von hier stammt auch der leckere Queijo de Azeitão. Dieser Käse wird aus Milch von Schafen aus der Region hergestellt. Er hat einen intensiven Geruch, eine cremige Konsistenz und schmeckt sauer bis pikant.

WEITERE INFORMATIONEN

visitsetubal.com
visitlisboa.com

↖ Manuel Bocage, einem Dichter und Sohn Setúbals, wurde ein Denkmal gewidmet sowie der Name des Platzes.
↑ Die sternförmige Festung São Filipe sollte die Hafeneinfahrt der Stadt bewachen.

Im Frühjahr eine blühende Landschaft kann es hier im Landesinneren im Sommer über 40 Grad Celsius heiß werden und die Landschaft ausdürren.

ALENTEJO

Unendliche Weiten, Olivenbäume, Weinreben und Korkeichen – das versteckte Juwel

32

SANTARÉM – HAUPTSTADT DES RIBATEJEO

WAHLHEIMAT PORTUGIESISCHER SEEFAHRER UND KÖNIGE

Einst war Santarém – zwischen Lissabon und der Tempelritterfestung von Tomar gelegen – eine bedeutende Stadt. Heute kann sie neben vielen gotischen Kirchen mit ihrer Umgebung punkten: direkt am Tejo, umgeben von Weinbergen.

Santarém liegt im äußersten Nordwesten des Alentejo, in der Subregion Ribatejo am nördlichen Flussufer des Tejo. Lissabon ist gerade einmal 80 Kilometer entfernt. Santarém breitet sich auf einer Hochebene aus, von der man alles überblicken kann. Der beste Punkt dafür ist der Jardim das Portas do Sol, die schönste Parkanlage der Stadt. Hier stand früher die maurische Burg, die König Afonso Henriques 1147 in einer Nacht-und-Nebel-Aktion eingenommen hat. Heute sind lediglich Mauerreste übrig. Von diesem »Panoramabalkon« aus hat man einen fantastischen Ausblick auf den Tejo mit seinen weiten und fruchtbaren Ebenen, Lezírias genannt, die oft überflutet werden, und die Ponte Dom Luíz I. Die Brücke ist mehr als einen Kilometer lang, sechs Meter breit und 22 Meter hoch. Als die Fachwerkbrücke 1881 eingeweiht wurde, war sie die größte Brücke der Iberischen Halbinsel; 1956 wurde sie verstärkt. Bis im Jahr 2000 die Ponte Salguerio Maia in Betrieb genommen wurde, war sie im Umkreis die einzige Brücke über den Tejo. Im Jardim das Portas do Sol gibt es das interaktive Informationszentrum »Urbi Scallabis«, in dem man alles über die Geschichte Santaréms erfahren kann. Durch die Portas do Sol, früher eines der Eingangstore in der Stadtmauer, gelangt man in das historische Zentrum.

Portugiesische Gotik

Dort steht die spätgotische Igreja de Nossa Senhora da Graça, die einst Bestandteil eines Augustiner-Konvents war. Was heraussticht, sind ihr filigran verziertes Portal und darüber das wunderschöne Rosettenfenster. Im Inneren befindet sich das Grabmal von Pedro Álvares Cabral, dem portugiesischen Seefahrer und Entdecker Brasiliens. Er hatte seine letzten Jahre auf seinen Gütern bei Santarém verbracht. Auf dem Platz vor der Kirche, dem Largo Pedro Álvares Cabral, steht sein Denkmal und ganz in der Nähe befindet sich die »Casa do Brasil – Casa Pedro Álvares Cabral«, ein Kulturzentrum. Früher war es eines der Wohnhäuser von Cabral und seiner Frau. Nicht weit entfernt erhebt sich der spätgotische Torre do Relógio, auch Torre das Cabaças genannt. Der 22 Meter hohe, mächtige Glockenturm aus dem 14. Jahrhundert beherbergt das Núcleo Museológico do Tempo, eine Ausstellung zum Thema Zeit. Sehenswert ist auch die Igreja Santa Maria de Marvila, im 12. Jahrhundert von den Templern errichtet. Ihr heutiges Aussehen mit dem manuelinischen Portal und den mit Azulejos geschmückten Innenraum erhielt sie aber erst im 16. und 17. Jahrhundert.

INFO

DIE STEINSUPPE

Auf der gegenüberliegenden Seite des Tejo befindet sich die Stadt Almeirim. Im 15./16. Jahrhundert wählten die portugiesischen Könige den Ort als bevorzugte Sommerresidenz und ließen einen Palast, Wohnhäuser und ein Kloster errichten. Die Anreise hierher mit dem Boot auf dem Tejo war weniger beschwerlich. Sogar königliche Hochzeiten fanden hier statt. Das Erdbeben von 1755 zerstörte den Königspalast.
Bekannt ist Almeirim für hervorragende Weine und eine Suppe: die Sopa da Pedra. Um diese Steinsuppe rankt sich eine Legende: Niemand hier wollte einem hungrigen Mönch etwas zu essen geben. Der behauptete daraufhin, dass er aus einem Stein eine leckere Suppe kochen könne. Er packte den Stein in einen Topf mit Wasser und erklärte, dass Salz, Gemüse, Fleisch etc. den Geschmack verbessern würden. Diese Zutaten bekam er auch und so hatte er am Ende eine nahrhafte Suppe. Diese kann man heute noch in allen Restaurants probieren.

WEITERE INFORMATIONEN

cm-santarem.pt
cm-almeirim.pt
visitribatejo.pt

↖ Zu Füßen Santaréms erstrecken sich der Tejo und grüne Felder. Hier in der Region gedeiht ein besonderer Wein.
↑ Der wohl schönste Ort in Santarém ist der Jardim das Portas do Sol.

33

PORTALEGRE – GRENZSTADT ZU SPANIEN

PORTUGIESISCHE WANDTEPPICHE ALS EXPORTGUT

Sie liegt im hintersten Winkel Portugals: Portalegre. Die Kleinstadt wurde im 17. und 18. Jahrhundert durch Textilindustrie reich. Mitte des 20. Jahrhunderts machte sie sich mit exquisiten Wandteppichen einen Namen.

Im Jahr 1946 gründeten Manuel Celestino Peixeiro und Guy Fino eine Teppichmanufaktur für riesige Wandteppiche, Manufactura de Tapeçaria, in Portalegre. Untergebracht ist sie im ehemaligen Jesuitenkloster São Sebastião, in dem sich Ende des 18. Jahrhunderts bereits eine Wollmanufaktur befand. Durch einen Hochwebstuhl und eine besondere Teppichknüpftechnik etablierten sie sich schnell auf dem exklusiven und überschaubaren Weltmarkt. Regelmäßig nahmen seitdem ihre Wandteppiche an internationalen Ausstellungen teil. Wer genug Kleingeld hat, kann ein Einzelstück in der Manufaktur in Auftrag geben. Man kann sich die Wandteppiche »made in Portalegre« z. B. im »Ritz« in Lissabon anschauen oder direkt hier im Teppichmuseum, Museu de Tapeçarias de Portalegre Guy Fino. Das gibt es seit 2001 und es ist in einem der alten Herrenhäuser, dem Palácio Castelo Branco, zu finden.

Die riesige Baumkrone

Portalegre liegt im nördlichen Alentejo, nahe der spanischen Grenze. Die Gegend war von jeher strukturschwach, sowohl was die Wirtschaft als auch den Tourismus angeht. Portalegre allerdings hatte eine Blütezeit ab etwa dem 16. Jahrhundert, als die Textilindustrie Geld in die Stadt spülte. Das sieht man noch immer im historischen Zentrum an den prächtigen Renaissance- und Barockhäusern. Geprägt wird das Stadtbild aber durch das Castelo aus dem Mittelalter und die elegante Kathedrale im Stil der Spätrenaissance mit ihrem Kreuzgang, der mit wundervollen Azulejos verziert ist.

Ein weiteres Wahrzeichen der Stadt ist ein Baum, der 1838 gepflanzt wurde: Plátano de Portalegre bzw. de Rossio genannt. Er hat die größte Baumkrone der Iberischen Halbinsel.

Apropos Baum: Typisch für den Alentejo sind die wunderschönen Korkeichen. Im Alter von 25 Jahren dürfen sie das erste Mal geschält werden. Dabei wird die dicke, knorrige Rinde abgelöst – und dann alle neun Jahre. Damit Kork als vielseitiger Rohstoff eingesetzt werden kann, muss die Rinde erst einmal weiterverarbeitet werden. Dafür eröffnete hier Mitte des 19. Jahrhunderts der englische Industrielle George Robinson in einem ehemaligen Kloster eine Korkfabrik, Fabrica Cortiçeira Robinson. Zwar prägen deren beiden Schornsteine noch immer das Stadtbild, die Fabrik musste aber 2009 schließen. Und damit auch das hauseigene Museu da Cortiça, das 2001 als das beste Museum Europas galt. Andenken aus Kork kann man in der Stadt aber noch finden.

INFO

PORTALEGRE-WEIN

Der Norden des Alentejo sieht landschaftlich anders aus als der Rest: Er ist grüner, üppiger bewachsen und bergiger. Portalegre liegt zu Füßen der Serra de São Mamede, am Rande des gleichnamigen Naturparks. Und ganz in der Nähe produziert das mehr als hundert Jahre alte Weingut »Tapada do Chaves« seine außergewöhnlich guten Weine. Hier befinden sich zwei der ältesten Weinberge des Alentejo, mit Reben sowohl für roten (1901) als auch für weißen Wein (1903). Dem Wein der Familie Chaves ist es u. a. zu verdanken, dass der Alentejo die DOC-Klassifizierung erhalten hat. Die Reben, die hier wachsen, profitieren von granithaltigen Böden, der Höhenlage und dem entsprechend milderen Klima – kühler und feuchter als in den weiten Ebenen des südlichen Alentejo. Die Weine schmecken frisch und dennoch kraftvoll.

WEITERE INFORMATIONEN

fourseasons.com/pt/lisbon/dining/lounges/almada_negreiros_lounge/
mtportalegre.pt
vinhosdoalentejo.pt
tapadadochaves.pt

← Die Paläste und Prachtbauten erinnern an die Blütezeit der Textilindustrie ab dem 16. Jahrhundert.
↑ Die Landschaft hier wird vor allem von Korkeichen bestimmt.

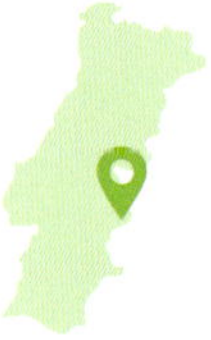

34

ELVAS – DIE WEHRHAFTE

EINE STADT ALS FESTUNG

Wenn am Morgen die Sonne aufgeht, erstrahlen die gelben Rahmen der Türen und Fenster an den Häusern von Elvas. Hinter mächtigen Mauern, Wehrgängen und Wachtürmen verborgen ist die kleine Stadt nahe der Grenze eine wackere Festung.

Noch ehe man Elvas erreicht, beeindruckt das acht Kilometer lange Aquädukt, das den Hügel hinauf in die historische Festungsstadt führt. Entworfen wurde es gegen Ende des 15. Jahrhunderts von dem portugiesischen Bildhauer und Architekten Francisco de Arruda, der in Lissabon bereits den Torre de Belém hatte errichten lassen. Die maurische Siedlung »Al-bash« war bis zur Eroberung durch König Sancho II. im 13. Jahrhundert nur aus einem nahe gelegenen Brunnen, dem Poço de Alcalá, mit Wasser versorgt worden. Da dieser Brunnen damals schon auszutrocknen drohte, veranlasste König João III. im Jahr 1537 den Bau dieser überirdischen Wasserleitung.

Altstadt

Aus der Epoche der maurischen Besiedlung ist im heutigen Elvas nicht mehr viel erhalten geblieben. Lediglich der Arco do Miradeiro, ein maurisches Portal, erinnert noch an die einstigen Bewohner des Hügels. Die Hufeisenform des Torbogens wurde im 19. Jahrhundert leider aufgrund anwachsender »Verkehrsprobleme« begradigt. Lediglich die verwinkelten Gassen und kleinen Plätze erinnern heute an die Zeit, ehe Elvas eine mächtige Festungsstadt wurde. An der Praça da República erhebt sich die Kathedrale Nossa Senhora da Assunção. Dahinter geht es in Richtung Castelo steil bergan zu einem kleinen Platz, auf dem sich ein schmuckvoller Pfeiler in den Himmel reckt. Diese Säule markiert den Pelourinho von Elvas, den Ort, der einst sowohl Schandpfahl als auch Symbol königlicher Macht und Gerichtsbarkeit darstellte.

Die Festung des Grafen zu Schaumburg-Lippe

Nachdem Portugal im Restaurationskrieg die Unabhängigkeit von Spanien erkämpft hatte, standen sich die Nachbarländer in zahlreichen Schlachten als Feinde gegenüber. Der hochrangige Politiker Marquês de Pombal übertrug einem deutschen Militär, der in Berlin unter Friedrich dem Großen gedient und zum Bekanntenkreis Voltaires gehört hatte, das Kommando der portugiesischen Truppen. Während der »Guerra Fantástica« im 18. Jahrhundert spielte Graf Wilhelm Friedrich Ernst zu Schaumburg-Lippe, der in Elvas als Volksheld gefeiert wird, eine entscheidende Rolle. Der geschickten Strategie des »Conde Lippe« war es zu verdanken, dass ein Angriff der spanischen Truppen abgewehrt und eine Invasion verhindert wurde. Nach der erfolgreichen Schlacht ließ der Graf auf dem Hügel gegenüber der alten Burg eine vaubansche Festung errichten, die bis heute seinen Namen trägt: das Forte Conde de Lippe.

INFO

HOTEL IM KLOSTER

2017 zog das Hotel »Vila Galé« in die Gebäude des einstigen Klosters São Paulo in Elvas ein. Bei der Einrichtung des Hotels achtete man ganz bewusst darauf, die verbliebenen Elemente der 1679 gebauten Klosteranlage zu erhalten und gleichzeitig das Thema »Festungsstadt« in den Vordergrund zu stellen, denn im 19. Jahrhundert wurde die gesamte Klosteranlage eine Zeit lang als Kaserne für die portugiesischen Soldaten genutzt. Rund um den hübschen weißen Innenhof, in dem sich in früheren Jahrhunderten der Kreuzgang befand, erinnern heute lebensgroße Figuren in historischen Kostümen und Uniformen an die bewegte und umkämpfte Vergangenheit der Stadt. Statt der spartanischen Unterbringung der Soldaten sorgen heute bequeme Zimmer, Swimmingpool, Spa, Bars und Restaurants für die Bequemlichkeit der Gäste.

WEITERE INFORMATIONEN

Vila Galé Collection Elvas
Avenida 14 de Janeiro 13
7350-092 Elvas
vilagale.com

↖ Die kleine Stadt nahe der Grenze wird seit Jahrhunderten von der mächtigen Festung geprägt.
↑ Das Hotel Vila Galé erinnert nicht nur an die militärische Vergangenheit Elvas, sondern auch an den deutschen Grafen.

35

ESTREMOZ – DIE WEISSE STADT

MARMOR, TON UND KUHGLOCKEN

Estremoz gilt als eine der wichtigsten Städte des Alentejo – aus historischer und aus wirtschaftlicher Sicht. Hier im Palast residierten die Könige, hier in der Region wird der weltberühmte Marmor abgebaut.

Keine andere portugiesische Stadt war im Laufe der Geschichte Schauplatz so vieler kriegerischer Auseinandersetzungen wie Estremoz: angefangen bei der Reconquista bis zu den napoleonischen Besatzungen. Groß ist der Ort nicht, der auf gleicher Höhe wie Lissabon, aber weiter östlich liegt. Gerade einmal knapp 10.000 Menschen leben in dem charmanten weißen Städtchen. Überall – beim Bau von Kirchen, öffentlichen Gebäuden, Straßen und Plätzen – wurde weißer Marmor verwendet. Kein Wunder, schließlich ist Estremoz dafür weltweit bekannt. Er wird in den rund achtzig Steinbrüchen rund um Estremoz, Borba und Vila Vicosa abgebaut und verarbeitet – und das bereits seit dem Spätmittelalter. Es ist ein heller, edler Marmor in Weißbeige bis Rosa. Wegen seiner Qualität ist er trotz seines hohen Preises ein Verkaufsschlager und das war er auch schon früher. Bis in die portugiesischen Kolonien in Afrika, Indien und Brasilien wurde der Marmor aus dem Alentejo gebracht und auch im Schloss Versailles verbaut. Die Kathedrale in Évora und auch der Sockel des römischen Tempels dort sind daraus gefertigt.

Die heilige Königin

Dominiert wird Estremoz von der Burg mit dem 27 Meter hohen Marmorturm, dem Torre de Menagem, und dem benachbarten Königspalast. Hier lebten im 13./14. Jahrhundert König Dinis I. und seine Frau Rainha Santa Isabel. Aus den Gemächern der beliebten Königin, die später heilig erklärt wurde, entstand eine Kapelle mit Azulejos, die Ereignisse aus ihrem Leben zeigen. Auf dem Vorplatz ist ihr ein Denkmal aus Marmor gewidmet. Nachdem der Palast Ende des 17. Jahrhunderts durch eine Explosion zerstört worden war, wurde er im 18. Jahrhundert wieder aufgebaut. Heute ist hier ein Luxushotel untergebracht, das »Pousada Castelo de Estremoz« – mit atemberaubendem Ausblick.
Das Interessante an Estremoz ist, dass gleich zwei hiesige Handwerkskünste als Immaterielles Kulturerbe der UNESCO gelistet sind: die Tonfigurenherstellung und die Kuhglockenfertigung, die Arte chocalheira. Seit mehr als 2.000 Jahren wird diese Handwerkskunst hier betrieben. Die Glocken, die chocalhos, haben einen unverwechselbaren Klang und sollen so dabei helfen, die freilaufenden Tiere wiederzufinden. Die berühmten farbenfrohen Tonfiguren, die »Bonecos de Estremoz«, gibt es seit dem 17. Jahrhundert. Stellten sie früher noch christliche Themen dar – die Menschen wollten ihre Heiligen zu Hause haben –, spiegeln sie heute das alltägliche Leben im Alentejo wider.

INFO

ALENTEJO SCHMECKEN

Estremoz ist ebenfalls bekannt für exzellenten Alentejo-Wein. Im Stadtzentrum gibt es in historischen Gemäuern eine moderne Weinkellerei mit Restaurant und Bar: das »Howard's Folly«. Dafür haben sich der Winzer David Baverstock und der Unternehmer Howard Bilton zusammengetan.
Seit 2013 führen die Brasilianerin Michele Marques und Mario Viveira ihr entzückendes Restaurant »Gadanha Mercearia«, das es mit modernen Gerichten nach traditionellen Rezepten, dem Weinkeller und dem Gourmetladen in den Guide Michelin geschafft hat.
Ein wunderschönes Jugendstil-Gebäude aus dem frühen 20. Jahrhundert beherbergt eines der ältesten Cafés des Alentejo: Das Café »Águias d'Ouro« bietet regionale Gerichte und eine große Weinkarte.
Direkt vor den Toren von Estremoz sind die etablierten Weingüter »João Portugal Ramos« und das »Herdade das Servas« mit Restaurant zu finden.

WEITERE INFORMATIONEN

cm-estremoz.pt
howardsfollywine.com
merceariagadanha.pt
facebook.com/aguiasdouro1
herdadedasservas.com
jportugalramos.com

↖ Obwohl eine Kleinstadt ist Estremoz bei Kennern bekannt: durch seinen hochwertigen Marmor.
↑ Millionen von Jahren ist der Marmor bereits alt, der hier abgebaut wird.

36

ÉVORA – HAUPTSTADT DES ALENTEJO

VON STEINKREISEN UND KNOCHENKAPELLEN

Von den Römern über die Mauren bis hin zu den portugiesischen Königen – alle hinterließen in Évora ihre Spuren. Das überzeugte die UNESCO, die historische Altstadt 1986 als Weltkulturerbe zu klassifizieren.

Évora liegt im Herzen des Alentejo und ist die größte Stadt der Region. Sie strahlt eine ruhige und einladende Atmosphäre aus. Das historische Zentrum mit seinen Palästen aus dem Mittelalter und aus der Renaissance ist umgeben von einer gut erhaltenen Stadtmauer. Am besten kann man Évora zu Fuß erkunden – durch enge Straßen, vorbei an weißen Häusern mit gelben Akzenten.
Schon die Römer siedelten hier, das fällt einem spätestens ins Auge, wenn man vor dem römischen Tempel mit seinen 14 korinthischen Säulen steht. Erbaut wurde er im ersten Jahrhundert und durchlebte anschließend etliche Umbauten und Verwendungszwecke. Oftmals wird er Diana-Tempel genannt, mit der römischen Jagdgöttin hat er aber wohl nichts zu tun. Wahrscheinlicher ist, dass er dem Kaiser oder Jupiter gewidmet war. Der Tempel ist heute das Wahrzeichen Évoras.

Stadtbummel durch Évora

Gleich um die Ecke steht die Sé; sie ist die größte mittelalterliche Kathedrale Portugals und dominiert die Stadt. Erbaut Ende des 12. Jahrhunderts im Stil der Gotik wurde sie im Laufe der Jahrhunderte erweitert. Ihr Hauptportal ist verziert mit Apostelfiguren – rechts und links am Eingang – und wird eingerahmt von zwei massiven Türmen. In der Mitte der Kirche befindet sich der Laternenturm. Alle drei haben sie unterschiedliche, eher ungewöhnlich geformte Spitzen, nämlich kegelförmig. Man kann der Kathedrale auf das Dach steigen für einen Panoramablick, anschließend sollte man sich die Sé noch von innen und den Kreuzgang anschauen. Nicht weit entfernt ist die Igreja de São Francisco mit ihrer Capela dos Ossos, der berühmten Knochenkapelle. Schon ein bisschen gruselig die mehr als 5.000 Schädel und Knochen, mit denen dort die Wände und Säulen vollständig verkleidet sind.
Lebhafter geht es an der Praça do Giraldo im Herzen der Stadt zu. Benannt ist der weitläufige Platz nach Geraldo Geraldes, weil er Évora von den Mauren erobert hat. Umgeben ist er von herrschaftlichen Häusern mit Arkadengängen; hier gibt es Cafés, Geschäfte und einen großen Marmorbrunnen mit Bänken aus dem 16. Jahrhundert. Aus dieser Zeit stammt auch die Universität und ist damit eine der ältesten Portugals. Nachdem sie lange geschlossen war, wurde sie in den 1970er-Jahren wieder eröffnet – die Studierenden machen aus der alten Stadt eine junge, lebendige. Interessant sind auch das maurische Viertel im nördlichen Teil der Stadt und das Aqueduto de Água de Prata aus dem 16. Jahrhundert.

← Vom Dach der Kathedrale aus hat man einen Weitblick auf die wunderschöne Landschaft des Alentejo.

INFO

PORTUGIESISCHE HINKELSTEINE
Wenige Kilometer westlich von Évora führt eine einsame Schotterpiste durch ein Wäldchen zum portugiesischen »Stonehenge«, dem Cromeleque dos Almendres. Wenn man dort alleine und es auch noch nebelig ist, ist der Ort schon ein bisschen gruselig. Vom Parkplatz aus sind es noch mal ein paar Meter zu Fuß. Es ist der bedeutendste Steinkreis der Iberischen Halbinsel. Der Cromeleque dos Almendres besteht aus rund 100 riesigen Monolithen bzw. Menhiren, angeordnet in zwei konzentrischen Kreisen. Die Steine sind verziert bzw. haben Einkerbungen – von Augenmotiven bis zu Zickzacklinien. Wahrscheinlich sind sie 4.000 bis 6.000 Jahre alt und stammen aus der Megalithkultur, entdeckt wurden sie aber erst 1964. Ihr Zweck konnte bis heute noch nicht entschlüsselt werden.
Rund einen Kilometer entfernt steht ein einzelner, rund vier Meter hoher Hinkelstein, der Menir dos Almendres.

Die mystischen Monolithen bei Évora.

WEITERE INMFORMATIONEN
visitevora.net
igrejadesaofrancisco.pt
evoracathedral.com
cm-evora.pt

37

MOURA – DIE MAURIN

LEGENDEN, ÖL UND ROTWEIN

Das kleine Städtchen, einen Steinwurf von der spanischen Grenze entfernt, ist vor allem wegen seines gleichnamigen Weines bekannt: Moura. Wer idyllische Abgeschiedenheit und gutes Essen sucht, ist hier genau richtig.

Inmitten einer hügeligen Landschaft aus Olivenhainen und Weinbergen, in der Nähe des Rio Guadiana, liegt das überschaubare Örtchen Moura. Wie viele portugiesische Städte wird auch Moura von einer trutzigen Burg dominiert, unter der sich die typischen weißen Häuser mit den roten Ziegeldächern erstrecken. Die Burg ist maurischen Ursprungs, wurde später unter den portugiesischen Königen ausgebaut und schließlich von den Spaniern zerstört, lediglich Ruinen sind übrig.
Moura bedeutet übersetzt »Maurin«. Rund 500 Jahre herrschten die Mauren hier. Angeblich steckt eine Legende um eine maurische Prinzessin aus dem 12. Jahrhundert hinter dem Namen. Salúquia, die Tochter des damaligen Herrschers, wartete auf ihren Bräutigam und die Gäste. Als sie vermeintlich vor den Toren standen, ließ sie diese öffnen. Aber es waren als Muslime verkleidete portugiesische Kreuzritter, die den Bräutigam getötet hatten und jetzt auch alle anderen töteten. Aus Kummer stürzte sich Salúquia vom Turm. An dieser Legende muss etwas Wahres sein, hätte sie es sonst auf das Stadtwappen geschafft?
Nach der Eroberung der Stadt durch die Portugiesen entstand auch hier gezwungenermaßen eine Mouraria – nur in diesem Viertel war es den Mauren gestattet zu leben. Es ist das älteste Maurenviertel Portugals und eines der am besten erhaltenen. Der historische Ortsteil liegt außerhalb der Burgmauern, am westlichen Ende der Praça Sacardo Cabral. Er besteht aus drei engen Straßen und einer Gasse mit niedrigen, weiß gekalkten Häusern, die ungewöhnlich geformte Schornsteine haben. Bis 1496 durften die Mauren hier leben, danach sollten sie entweder zum Christentum konvertieren oder verschwinden.

Gute Tropfen

Zwei Drittel der Oliven in Portugal stammen aus dem Alentejo. Das Olivenöl aus Moura genießt einen exzellenten Ruf und ist herkunftsgeschützt – genauso wie der hiesige Wein. Es ist das kleinste Weinanbaugebiet im Alentejo. Vor allem kräftige Rotweine werden hier produziert, z. B. aus den Rebsorten Alfrocheiro oder Periquita. Die wachsen auf rotem Lehmboden und kommen mit den extremen Hitzeperioden von über 40 Grad Celsius sehr gut zurecht.
Dass die Weinreben in dieser äußerst trockenen Gegend überhaupt wachsen können, ist auch dem Barragem d'Alqueva zu verdanken. Der Stausee ist der angeblich größte künstliche See Europas – mit einer Fläche von 250 Quadratkilometern. Er liegt nördlich von Moura und wird gerne für jeglichen Wassersport genutzt.

INFO

RESTAURANTS IN MOURA

Mitten in der Mouraria gibt es eine urige Taverne, die »Taberna do Liberato« – eine kleine Berühmtheit im Alentejo. Sie bietet typische portugiesische Hausmannskost an, hauptsächlich aus der Region – köstlich und zu günstigen Preisen – sowie wunderbare lokale Weine. Das »Retiro do Ernesto« im Herzen der Altstadt ist ein charmantes kleines Restaurant mit einer einladenden Atmosphäre, das ebenfalls traditionelle Gerichte serviert. So gibt es zum Beispiel Käsesuppe und gebackenen Kabeljau.
In der »Taberna dos Quartéis« und der »Praça Forte« geht es etwas lebhafter zu, diese Lokale ziehen vor allem junges Publikum an. Untergebracht sind sie in einem ehemaligen maurischen Kasernengebäude aus dem 17./18. Jahrhundert. Das war vor ein paar Jahren restauriert und ihm so neues Leben eingehaucht worden. Beide Restaurants haben auch einen Lounge-Bereich auf dem Platz davor.

WEITERE INFORMATIONEN

facebook.com/Taberna-do-Liberato
retirodoernesto.pt
facebook.com/Tabernadosquarteis
facebook.com/PracaForte

↖ Mourarias, maurische Viertel wie hier in Moura, wurden im Mittelalter in Spanien und Portugal errichtet.
↑ Die Ruinen der einst mächtigen Burg prägen das Stadtbild.

38

BEJA – KLEINES JUWEL IM ALENTEJO

KORKEICHEN UND STREETART

Beja ist die unterschätzte kleine Schwester von Évora, dabei blickt auch sie auf eine mehr als 2.500 Jahre alte ereignisreiche Geschichte zurück. Und Beja ist wie ein kleines Schätzkästchen, in dem jeder etwas findet.

Im südlichen Teil des Alentejo liegt inmitten von Weinbergen, Getreidefeldern, Korkeichen und Olivenbäumen die Stadt Beja. Wahrscheinlich schon von den Kelten gegründet, nannten die Römer den Ort nach Julius Cäsar »Pax Julia« und errichteten hier eine Burg auf einer Anhöhe. Diese nutzten die Mauren in ihrer rund fünfhundertjährigen Herrschaft als Verteidigungsanlage gegen die Portugiesen. Erst im 13. Jahrhundert mussten sie sich diesen geschlagen geben. Rund hundert Jahre später ließ König Dinis I. den Bergfried aus Granit und Marmor errichten. Der Torre de Menagem ist mit 40 Metern der höchste Turm seiner Art in Portugal. Heute ist darin ein kleines Militärmuseum untergebracht. Über 197 Stufen erreicht man die Turmplattform und hat von dort einen sensationellen Blick auf die umliegende Landschaft und Beja, wo es neben zahlreichen historischen Schätzen noch viele andere Dinge zu entdecken gibt.

Geschützter Gesang

Liebesbriefe zum Beispiel: Im Kloster Nossa Senhora da Conceição lebte im 17. Jahrhundert die junge, hübsche Nonne Mariana Alcoforado. Sie soll die »Portugiesischen Briefe« geschrieben haben – an einen französischen Offizier, in den sie sich unglücklich verliebt hatte.
2017 haben verschiedene Streetart-Künstler ihre Spuren in Beja hinterlassen. Darunter der als Vhils bekannte Alexandre Farto; er schuf an einer Wand im Parque da Vista Alegre ein Graffiti mit Gesichtern. Bordalo II, Artur Bordalo, der in Vila Nova de Gaia mit einem riesigen Schrotthasen eine Hausecke verschönerte, hinterließ hier an einer Wand beim Museu do Sembrano einen Hahn aus Schrott. Diogo Machado, alias Add Fuel, geht ganz andere Wege, er benutzt Azulejos für seine Streetart.
Die Region um Beja ist die Heimat eines traditionellen Chorgesangs, des Cante Alentejano, der 2014 als Immaterielles Kulturerbe der Menschheit von der UNESCO anerkannt wurde. Er wird ohne Instrumente gesungen und behandelt alltägliche Themen. Wie er entstanden ist, weiß man nicht genau. Aber schon seit Jahrhunderten wurde er von Frauen und Männern gesungen, die auf den Feldern arbeiteten, später auch auf Festen. Vor knapp hundert Jahren wurde der erste Gesangsverein gegründet. In Beja gibt es das UNESCO-Zentrum, wo einmal die Woche eine Cante-Alentejano-Gruppe auftritt.
Beja hat sogar einen eigenen Stadtstrand, die Praia fluvial de Cinco Reis – ein beliebtes Ausflugsziel sieben Kilometer westlich der Stadt.

INFO

SÜSSE SCHWEINEREIEN
Eine traditionelle Süßigkeit der Region um Beja ist das Porquinho Doce, das »süße Schwein«. Es besteht aus Zucker, Mandeln, Eiern, Kakao und Feigenblattkürbis. Vor allem zur Weihnachtszeit ist es beliebt. Hergestellt wird es im ältesten Café der Stadt, dem »Luiz da Rocha«, das 1893 eröffnet wurde – es ist hier eine Institution. Mit dem »süßen Schwein« war es Finalist im nationalen Wettbewerb »Sieben süße Wunder von Portugal«. Das Café im Zentrum der Stadt ist zugleich Konditorei und Restaurant und hat mittlerweile zwei Filialen. Seinen Ursprung hat das Porquinho Doce wahrscheinlich im hiesigen Kloster Nossa Senhora Conceição, so wie auch weitere Süßspeisen wie verschiedene Queijadas, Pasteis und Bonbons. Noch eine gute Adresse, um sie zu probieren, ist das Teehaus »Salão de Chá Maltesinhas«. Hier gibt es zudem eine andere einheimische Spezialität, das Pâo de Rala, ein Kuchen aus Mandeln und Kürbis.

WEITERE INFORMATIONEN
cm-beja.pt
facebook.com/ceuspci
luizdarocha.com
facebook.com/Maltesinhas

↖ Die Kopfsteinpflasterstraßen in Beja legten schon die Mauren während ihrer Herrschaft an.
↑ Straßenkunst ist auch in dem uralten Städtchen zu finden.

39

MÉRTOLA – MUSEUMSSTADT

EINER DER SCHÖNSTEN ORTE DES ALENTEJO

Das charmante und verschlafene Städtchen am Rio Guadiana hat schon viel gesehen und erlebt. Früher ein wichtiger Handelsposten, ist es heute ein idealer Ausgangspunkt für Ausflüge in den Naturpark Vale do Guadiana.

Am südöstlichsten Zipfel des Alentejo – unweit der spanischen Grenze, die herrlichen Strände der Algarve nur 70 Kilometer entfernt – liegt Mértola. Gerade einmal knapp 3.000 Menschen leben hier. Bereits der erste Blick auf den Ort prägt sich ein: eine mächtige Stadtmauer, dahinter schneeweiße Häuser mit roten Dachziegeln, die sich an den Hügel schmiegen, oben thront das graue, trutzige Castelo, unten schlängelt sich der Rio Guadiana vorbei. Den besten Blick auf den Ort hat man übrigens von der anderen Flussseite aus – besonders schön zur Blauen Stunde und wenn abends alles beleuchtet ist.
Schlendert man durch die hübschen Gassen, scheint es fast so, als wäre die Zeit stehen geblieben. Mehr als 3.000 Jahre ist Mértola bereits alt und diente jahrhundertelang als wichtiger Handelsposten. Von hier aus wurden Oliven und Getreide aus der Region sowie Kupfer aus der heute stillgelegten Mine von São Domingos verschifft; diese kann man besichtigen. Noch immer sind die Spuren der Römer und Mauren sichtbar – das hat sich Mértola zu Nutze gemacht und präsentiert sich als lebendiges Museum.

Tor zur Natur

Rund um das Rathaus kann man sich Ausgrabungen aus römischen Zeiten anschauen. Aber es waren die Mauren, die das Stadtbild am stärksten geprägt haben. Im 11./12. Jahrhundert erbauten sie eine Moschee, aus der nach ihrer Vertreibung die Hauptkirche wurde, die Igreja de Nossa Senhora da Anunciação. An die maurische Vergangenheit erinnern die Kegel und Zinnen am Dachrand sowie im Inneren die Bögen in Hufeisenform. Die Burg wurde im 13. Jahrhundert ebenfalls von den Mauren als Verteidigungsanlage errichtet, später wurde sie verstärkt und ausgebaut. Sie kann besichtigt werden; der Lohn für den etwas beschwerlichen Aufstieg ist die wunderschöne Aussicht.
Wer durch das hübsche Städtchen schlendert, wird auch an der Cooperativa Oficina de Tecelagem vorbeikommen. In diesem Museum werden auf traditionellen Webstühlen Wolldecken gefertigt.
Quasi vor der Haustür Mértolas wartet eines der schönsten Naturziele Portugals: der Parque Natural de Vale do Guadiana mit dem Wasserfall »Pulo do Lobo« (Wolfssprung). Wölfe gibt es im Naturpark nicht, aber Luchse und Vögel wie den Schwarzstorch, den Iberienadler oder die Großtrappe – für Ornithologen ist er ein kleines Paradies. Aber Achtung: Die beste Reisezeit ist vom Herbst bis zum Frühjahr. Den Sommer sollte man meiden – mit zum Teil über 40 Grad Celsius ist es dann einfach zu heiß.

INFO

HOTELS UNTERM STERNENHIMMEL

Mértola hat durchschnittlich 286 klare Nächte ohne Wolken, dafür erhielt die Region das Zertifikat »Starlight Destination«. Wer genug Sterne erhascht hat, kuschelt sich danach ins Bett. In Mértola liegt die »Casa do Armeiro«, ein jahrhundertealtes, wunderschönes Haus, das restauriert worden ist. Es hat einen idyllischen Garten mit einem kleinen Pool und eine Dachterrasse mit Blick auf den Ort und den Guadiana. Auf der anderen Flussseite befindet sich die modern eingerichtete »Quinta do Vau« mit Panoramablick auf Mértola und die Flusslandschaft.
Etwas weiter weg, direkt beim Minenkomplex von São Domingos, ist das »Alentejo Star Hotel«, ein Vier-Sterne-Landhaus mit Pool. Ein Teil ist in einem alten Palast untergebracht, die meisten Zimmer in einem modernen Nebengebäude. Vom Balkon aus kann man die Pferde auf der Koppel beobachten.

WEITERE INFORMATIONEN

visitmertola.pt
museudemertola.pt
quintadovau.pt
alentejostarhotel.com
casadoarmeiro.com

↖ Wer einmal in Mértola war, wird den malerischen Anblick des Städtchens nie wieder vergessen.
↑ Die Gassen sind hier eng, kurvenreich und zum Teil steil.

Vom Ribat da Arrifana fällt der Blick auf die zerklüftete Felsenküste des Atlantiks.

ALGARVE

Von der Felsenküste
zur Ria Formosa

40

ODECEIXE – EIN DORF AN DER WESTKÜSTE

VOM LEBEN RUND UM DIE MÜHLE

Wo die Algarve endet und der Alentejo beginnt, liegen einige der schönsten Strände des Naturparks der Costa Vicentina. Im Hinterland der windigen Küste, die viele Surfer aus aller Welt anzieht, verbirgt sich das verschlafene Odeceixe.

Fast vier Kilometer liegt der malerische Strand vom eigentlichen Ortskern entfernt, doch mit dem Rad ist die Praia de Odeceixe in rund 15 Minuten zu erreichen. Am Atlantik angekommen, werfen sich die Surfer in die Wellen. Die Brandung tobt und der mächtige Ozean zeigt sich von seiner ungestümen Seite. Direkt neben dem breiten Hauptstrand, an der Praia das Adegas, finden FKK-Freunde einen der wenigen offiziell gekennzeichneten Nacktbadestrände.

La Casa Verde

Geborgen und windgeschützt sammeln sich die Häuser von Odeceixe in einem kleinen Tal weiter im Inland. Auf dem Hauptplatz des Ortes geht es ruhig zu. Geradezu beschaulich reihen sich hier nur wenige Bars und Cafés aneinander. Wie ein Wächter ruht die restaurierte alte Windmühle auf dem Hügel über dem Ort. Umsäumt von kleinen weißen Häusern schlängeln sich die Gassen zum alten Ortskern hinab. Die steil abfallenden Wege sind mit Kopfstein gepflastert und mit ihren engen Kurven eher für Fußgänger als für den Autoverkehr gedacht. Unten angekommen kann man auf einer der Caféterrassen eine gemütliche Pause einlegen und ein erfrischendes Getränk oder ein gutes Gläschen Wein bestellen. In dem hübsch restaurierten Salon der leuchtend grünen Casa Verde, werden passend zum eleganten Ambiente, das an die Jahrhundertwende erinnert, leckere Cocktails serviert.

O Moinho de Odeceixe

Erklimmt man die engen Straßen hingegen in Richtung des Hügels, landet man unweigerlich vor der alten Mühle. Wie so vieles stammt auch die Technik dieser heute typisch portugiesisch anmutenden Windmühlen ursprünglich von den Mauren. Die Eroberer aus dem Süden brachten neben Mandeln, Orangen und einem ausgeklügelten Bewässerungssystem auch die Technik der Windräder auf die Iberische Halbinsel. Die alte Mühle in Odeceixe mit ihren vier Segeln ist sogar noch voll funktionstüchtig. Die Windräder sind an einem steinernen Turmhaus mit rundem Grundriss angebracht. Vor ein paar Jahren wurde hier ein kleines Museum eingerichtet, in dem die Besucher anschaulich nachvollziehen können, wie das Getreide zu Mehl gemahlen wurde. Dank dieser für das Mittelalter bahnbrechenden Technologie, die den Müllern die schwerste Arbeit abnahm, konnte mehr Getreide in deutlich kürzerer Zeit verarbeitet werden. Doch Windmühlen wie dieses Exemplar sind heute selten geworden. Moderne Maschinen haben die Windräder, die einst das Landschaftsbild prägten, längst überflüssig gemacht.

INFO

RESTAURANT TIPP NÄPERÕN

Begonnen hat es damit, dass Hugo ein Abendessen für die Gäste der »Casas do Moinho« kochte, die kleinen weißen Häuser nahe der Mühle, in denen sich der Küchenchef selbst gern Ruhe vom Großstadtleben gönnte, wenn er in Odeceixe zu Besuch war. Zwanzig Jahre lang hatte er in Lissabon an der Seite von Vitor Sobral gekocht, bevor er 2019 schließlich mit seiner Familie von Lissabon nach Odeceixe zog. Nun steht Hugo Nascimento hinter den Kochtöpfen seines eigenen kleinen Restaurants »Näperõn«. Mit saisonal wechselnden Menüs und Zutaten, die er bei den lokalen Lieferanten einkauft, zaubert der Küchenchef die bekannten Aromen der Algarve minimalistisch ehrlich auf die Teller. Selbst der Guide Michelin lobt bereits das kleine Restaurant und Hugos Version der traditionellen portugiesischen Küche.

WEITERE INFORMATIONEN

Restaurante Näperõn: Rua 25 Abril 113, 8670-320 Odeceixe,
naperon-restaurantesnack-bar.negocio.site
Casas do Moinho: casasdomoinho.com
Moinho de Odeceixe: Rua dos Moínhos 14, 8670-320 Odeceixe

↖ Die Strände bei Odeceixe gehören zu den schönsten der Costa Vicentina.
↑ In der alten Mühle von Odeceixe ist heute ein kleines Museum untergebracht.

41

ALJEZUR – DIE BURG AM FLUSS

DIE STRÄNDE DER COSTA VICENTINA

Früher führte der Fluss zu Füßen der Burg so viel Wasser, dass die Mauren den Ort Al-jazira, »die Insel« nannten. Viele Jahrhunderte lang wurde hier reger Handel getrieben.

Unten im Tal lag ein kleiner Hafen, denn einst führte die Ribeira do Aljezur deutlich mehr Wasser als heute. Schiffe konnten von der Küste bis in den Ort segeln, um dort ihre Waren abzuladen.

Die maurische Burg

Durch schmale Gassen steigt man den Hügel hinauf zum Castelo de Aljezur. Von dort oben kontrollierten maurische Herrscher die Gegend, bis die christlichen Truppen Dom Afonsos weite Teile der Algarve eroberten und das Ende der maurischen Herrschaft einläuteten. Doch im von Christen regierten Aljezur spielte die Burg bald keine Rolle mehr und verfiel. Im Hafen florierte dagegen der Handel. Seeleute be- und entluden hier ihre Schiffe. Die Zollstation befand sich dort, wo heute das Restaurant Pont'a Pé traditionellen Tintenfischsalat serviert. In dem kleinen Museum der Stadt sind neben den Funden aus der Epoche der maurischen Herrschaft auch Gegenstände jüngerer Zeit zu sehen. Im oberen Stockwerk geben original eingerichtete Zimmer einen Einblick in das Leben der Menschen in vergangenen Jahrhunderten.

Fischereihafen Arrifana

Viele der kleinen Siedlungen an der Küste, in denen sich heute die Surfer aus der ganzen Welt tummeln, gehören noch zu Aljezur. Monte Clérigo, Odeceixe, Bordeira, die berühmte Praia do Amado und die Praia da Arrifana sind offiziell ein Teil der einst maurischen Stadt. In Arrifana führt heute eine steile Straße hinab zu dem winzigen Hafen, dem Portinho de Pesca, der am Fuß der spitzen Klippen liegt.

Monte Clérigo und Ribat de Arrifana

Aus einfachen Fischerhütten entwickelte sich im Laufe der letzten Jahrzehnte die kleine Siedlung Monte Clérigo. Bunte Häuschen schmiegen sich an die schützenden Felswände und umrahmen einen breiten Strand. Außer Surfern zieht es besonders Familien mit Kindern in den kleinen Ort, von dem aus ein Spazierweg an den Klippen entlang zur Ponta da Atalaia führt. Heute erinnern dort nur noch wenige Überreste an das einst bedeutende Sufi-Kloster Ribat da Arrifana, das sich vor vielen hundert Jahren am Ende der von rauen Felsen umgebenen Landzunge erstreckte. Im 12. Jahrhundert hatte der Dichter, Mystiker und Sufi-Meister Ibn Qasī an diesem mystischen Ort zwischen christlicher und maurischer Welt eine Anlage zur inneren Einkehr errichten lassen. Erst 2001 entdeckten Wissenschaftler die lange gesuchten Ruinen wieder. Die wenigen archäologischen Fundstücke kann man heute im Museum von Aljezur bestaunen.

INFO

DER FISCHERWEG

Der Trilho dos Pescadors, der »Weg der Fischer«, ist eine Fernwanderroute, die in 13 Etappen 226 Kilometer an der portugiesischen Atlantikküste entlangführt. Das Meer stets im Blick, verläuft die Strecke oberhalb der Klippen und an sandigen Stränden entlang, kleine Hügel hinauf und wieder hinab. Überhaupt ist die Küste des Parque natural do sudoeste alentejano e costa vicentina ein beliebtes Ziel für Wanderer. Neben dem Fishermen's Trail, der an der Costa Vicentina von Sao Torpes bis Lagos verläuft, führen viele kleine Rundwege von der wellenumtosten Küste des Atlantiks ins hügelige Inland. Das Netzwerk der Rota Vicentina, ein gemeinnütziger Verein, der sich dem nachhaltigen Tourismus verschrieben hat, organisiert u. a. Wandertouren, bei denen Freiwillige helfen, die Wegmarkierungen instand zu halten und die Natur von Müll zu befreien.

WEITERE INFORMATIONEN

Rota Vicentina: rotavicentina.com
Museu Municipal de Aljezur: Rua João Dias Mendes 48, 8670-079 Aljezur

← Die Praia do Amado bei Bordeira ist nur einer der Strände, an denen der Fischerweg vorbeiführt.
↑ Von der kleinen Siedlung Monte Clérigo aus führen tolle Wanderwege an der Küste entlang.

42

VILA DO BISPO – DAS HERZ DES WESTENS

DIE STADT DES BISCHOFS

Unaufgeregt und bescheiden kommt Vila do Bispo daher. Als Surfer und sonnenhungrige Besucher die Strände und Küsten entdeckten, hielt sich der Ort diskret im Hintergrund und blieb angenehm authentisch.

Im Vergleich zu Sagres führt die Stadt mit ihrem leer stehenden Wasserturm fast schon ein Mauerblümchendasein. Dabei ist Vila do Bispo das eigentliche Zentrum und Verwaltungshauptstadt des Südwestens der Algarve. Beschaulich, aber dafür echt und untouristisch geht es nach wie vor in der bunten Markthalle zu, in der neben Fisch und Fleisch auch frisches Obst und Gemüse aus der Umgebung angeboten werden.

Igreja Matriz

Die von außen schlicht weiße Igreja Matriz de Nossa Senhora da Conceição offenbart ihre Schönheit erst im Inneren des Kirchenschiffs. Vom Boden bis zur Decke reichen die Kacheln mit detaillierten Malereien. Die barocken Altäre sind mit pausbackigen Engeln und üppigen Goldverzierungen geschmückt. Von der Decke hängen prachtvolle Leuchter herab und zwischen den Blumen- und Pflanzenmotiven zeigen sich auf den blau-weißen Azulejos sogar ein paar barbusige Jungfrauen und Drachen an den Wänden.

Die Ermita in Raposeira

Weniger prunkvoll, aber dennoch beeindruckend ist die kleine Kapelle Nossa Senhora da Guadalupe. Die bescheidene Ermida liegt am Rande der Nationalstraße, vor den Toren von Raposeira, das noch zu Vila do Bispo gehört. Angeblich ist die kleine Kapelle eine der ältesten der Algarve und soll schon von den Rittern des Christusordens, den Nachfolgern des Tempelritterordens, gegründet worden sein. Selbst Heinrich der Seefahrer, der viele der abenteuerlichen Entdeckungsreisen der portugiesischen Karavellen plante und finanzierte, kehrte hier zum Gebet ein. Auch wenn aus dieser Zeit nicht mehr viel erhalten ist und Schafhirten das kleine Gotteshaus jahrzehntelang als Unterschlupf nutzten, überstand die Kapelle immerhin das Erdbeben von 1755.

Die Burg von Burgau

In früheren Jahrhunderten erhoben sich an den Küsten vor Vila do Bispo viele kleine und größere Befestigungsanlagen. Die meisten sind längst zerstört, geschliffen oder dem großen Erdbeben zum Opfer gefallen. Zu den wenigen Überresten, die man heute noch bestaunen kann, gehört die Ruine der einst mächtigen Almádena Burg, die gut sichtbar oberhalb des Strandes von Boca do Rio thront. Auch wenn längst niemand mehr die im Hinterland lebenden Menschen vor Piraten schützen muss, lohnt der Ausblick vom Hügel auf die Küste und das Meer. Unten am Strand liegt das kleine Fischerdorf Burgau, eines der letzten, das dank seiner Lage im Naturpark von der Entstehung großer Hotelkomplexe, wie sie sich an der Küste zwischen Lagos und Albufeira erstrecken, verschont geblieben ist.

INFO

ALDEIA DA PEDRALVA

Ein ganz besonderes Hotel ist die »Aldeia da Pedralva«. Vor einigen Jahren wurde dem fast verlassenen Dorf wieder neues Leben eingehaucht, indem halb verfallene Gebäude liebevoll restauriert und zu »Hotelzimmern« umfunktioniert wurden. Nur 15 Minuten Autofahrt von den beliebten Surfer-Stränden des Atlantiks entfernt in einem kleinen Tal gelegen, geht es in dem Öko-Resort ruhig und beschaulich zu. Keine lauten Partys, stattdessen viel Natur und Outdoor-Aktivitäten. Die kleinen Häuser bestehen aus einem, zwei oder drei Schlafzimmern und sind für Selbstversorger gedacht, manche verfügen über einen eigenen kleinen »Patio«. Frühstück gibt es in dem zentralen Restaurant, das als Hotelrezeption, Treffpunkt, Seele und Herz des kleinen Ortes fungiert.

WEITERE INFORMATIONEN

Aldeia da Pedralva: Rua da Baixo – Casa da Pedralva, 8650-401 Vila do Bispo, aldeiadapedralva.com
Igreja Matriz de Nossa Senhora da Conceição: Praça da República, 8650-417 Vila do Bispo

↖ **Blick auf Vila do Bispo mit dem alten Wasserturm.**
↑ **Igreja Matriz de Vila do Bispo – die innen prachtvolle geschmückte Kirche des Ortes.**

43

SAGRES – SAGENUMWOBENER ZIPFEL DER ALTEN WELT

GESCHICHTEN VOM ENDE DER WELT

Unbeirrt wie ein Fels in der Brandung wirft der Leuchtturm am Cabo de São Vicente sein Licht aufs Meer hinaus, um die Schiffe vor den rauen Klippen und den gefährlichen Strömungen zu warnen.

Unweit von Sagres, am westlichsten Zipfel der Algarve, erhebt sich an den wellenumtosten Felsen des Kaps ein rot-weiß geringelter Leuchtturm, der an die Gefahren erinnert, die der Atlantische Ozean für die Menschen birgt. Von diesem Ende der damals bekannten Welt brachen wagemutige portugiesische Seefahrer einst auf, um die unendlichen Weiten des Meeres, ferne Länder und fremde Kulturen zu entdecken.

Das Cabo de São Vicente

Einsam und trotzig steht der Leuchtturm am Ende des europäischen Festlandes, weit oben auf der steilen Felsenklippe, unterhalb derer wilde Wogen an die raue Küste schlagen. Den Namen hat er der Legende vom heiligen Vicente zu verdanken, dessen Gebeine eigentlich nicht hier am Kap, sondern weiter nördlich beigesetzt werden sollten. Doch ein Sturm trieb das Schiff mit den Überresten des Heiligen an Land, und so bauten die Mönche, die den Schiffbruch als ein Zeichen Gottes verstanden, im 4. Jahrhundert an dieser Stelle eine Kapelle, um darin den Märtyrer beizusetzen. Erst viel später, im 16. Jahrhundert, wurde an eben diesem Ort das erste Leuchtfeuer errichtet, das die Schiffe bei der Umsegelung des gefährlichen Kaps vor einem Unglück bewahren sollte.

Viele Geschichten ranken sich um die Festung auf der Felszunge des kleinen Küstenortes Sagres. Manche glauben, Heinrich der Seefahrer habe an diesem Ort eine bedeutende Schule unterhalten, in der die besten Astronomen und Navigatoren seiner Zeit ausgebildet worden seien. Sehr viel wahrscheinlicher jedoch gehört diese Seefahrerschule ins Reich der Legenden, die man hier immer noch gern erzählt.

Porto da Baleeira

Die zahlreichen Schiffe im Porto da Baleeira zeugen davon, dass in Sagres viele Menschen vom Fischfang leben. Mit den Fischen und Meeresfrüchten, die im Hafen an Land gezogen werden, beliefern die Fischer vor allem Märkte und Restaurants in der Umgebung. Aber auch Ausflugsboote schaukeln zwischen den Kuttern im Hafenbecken, denn von hier aus starten zahlreiche Erkundungstouren, um Delfine und Vögel zu beobachten.

Flora und Fauna des Meeres werden hier in Zusammenarbeit mit der Universidade do Algarve erkundet und immer wieder tritt der Fall ein, dass im Rahmen eines solchen Forschungsprojektes neue Tier- oder Pflanzenarten entdeckt werden.

INFO

VIA ALGARVIANA

Am Cabo de São Vicente endet der 300 Kilometer lange Wanderweg GR 13, der quer durch die Algarve führt. Die 2009 offiziell eröffnete »Via Algarviana« ist in 14 Abschnitte eingeteilt, auf denen man die ganz unterschiedlichen Landschaften der Algarve kennenlernen kann. Die einzelnen Etappen sind so angelegt, dass die Wandernden längs der Strecke sowohl einheimische Tiere und seltene Pflanzen als auch kulturelle und kulinarische Besonderheiten entdecken können. Auf der Website werden nützliche Infos für die Streckenplanung und Audioguides zur Verfügung gestellt. Die Themen der Wanderungen reichen von der Schmugglerroute, einer »Monumentale-Bäume«-Route und einer Wasserroute bis hin zu einer Strecke, die der geologischen Entstehung des Faltengebirges an der Algarve nachspürt.

WEITERE INFORMATIONEN

Via Algarviana: viaalgarviana.org
Fortaleza de Sagres: 8650-356 Sagres
Farol do Cabo de São Vicente:
EN 268, 8650-370 Sagres
Tipp: Für deutsche Bratwurstliebhaber gibt es am Kap die »letzte Bratwurst vor Amerika«.

← Porto Baleeira heißt der zu Sagres gehörende Hafen, in dem auch heute noch die Fischerboote vor Anker liegen.
↑ Der Fernwanderweg GR 13 »Via Algarviana« endet am Cabo de São Vicente.

44

LAGOS – HEIMATHAFEN DER SEEFAHRER

STADT DER SEHNSUCHT UND ABENTEUER

Von Lagos aus stachen einst die portugiesischen Schiffe in See, um die Weltmeere zu erobern. Heute ist das historische Zentrum mit seinen alten Gassen und den atemberaubenden Felsenklippen ein beliebter Anziehungspunkt für Urlauber.

Uneinnehmbar wirken die dicken Stadtmauern, die vor der Porta de São Gonçalo in den Himmel ragen. Einst hieß das Eingangsportal, das von der Meerseite in die Stadt hinein führte, Porta del Mar. Zu Beginn des letzten Jahrhunderts benannte man das Tor jedoch nach dem Heiligen, der in einem Gebäude neben dem Portal geboren wurde, und richtete einen kleinen Altar im Durchgang der einstigen Stadtmauer ein. Direkt vor der Küste liegt noch heute die letzte erhaltene Burg, die zu einem vorgelagerten Festungsring gehörte und Lagos zusätzlich zu den dicken Mauern vor Angreifern schützen sollte: die Forte da Ponta da Bandeira. Oberhalb der Festung erinnert ein Denkmal an die Legende des heiligen Gonçalo, der die Einwohner dank einer wundersamen Thunfischvermehrung einst vor einer Hungersnot gerettet haben soll.

Heinrich der Seefahrer

Betritt man das historische Zentrum durch die Porta de São Gonçalo, führen mit Kopfstein gepflasterte Straßen zu beeindruckenden Kirchen und kleinen Plätzen. Eines der schönsten Gotteshäuser in Lagos ist die Igreja do Santo Antonio, die heute zu einem kleinen Museum gehört, das die Geschichte der Stadt Lagos und seiner Einwohner erzählt. An der Praça Infante Dom Henriques, dem ehemaligen Sklavenmarkt von Lagos, erinnert ein Denkmal an den berühmtesten portugiesischen Seefahrer, den Königssohn Heinrich. Seiner Leidenschaft und Kenntnis sind viele der großen Entdeckungsreisen zu verdanken, die Portugal im 15. Jahrhundert zu einer der bedeutendsten Seemächte der damaligen Zeit machten. Als fünftes Kind des Monarchenpaares trug Heinrich keine Königskrone und überließ Würde und Verantwortung des großen Amtes seinen älteren Brüdern Duarte und später Pedro. Doch auch ohne Krone zählte Heinrich zu den einflussreichsten Männern seines Landes.

Der legendäre König Sebastian

Ein ganz besonderer Herrscher war Dom Sebastião, der Ersehnte. Obwohl der junge König Portugal im 16. Jahrhundert nur für kurze Zeit regierte, weil er mit nur 24 Jahren während einer Schlacht im heutigen Marokko ums Leben kam, gehört er zu den beliebtesten portugiesischen Herrschern der Geschichte. Sein Beiname »o Desejado« beruht auf der Legende, nach der Sebastião eines Tages zurückkehren und seinem Volk zur Seite stehen würde. An diese Geschichte erinnert auch die von João Cutileiro gestaltete ungewöhnliche Statue, die kurz vor der Nelkenrevolution auf der Praça Gil Eanes als Symbol für eine hoffnungsvolle Zukunft aufgestellt wurde.

← Auf einem großen Platz nahe dem Hafen, dort, wo in früheren Jahrhunderten ein Sklavenmarkt stattfand, erinnert Lagos mit einem Denkmal an Heinrich den Seefahrer.

INFO

FELSLANDSCHAFT IM MEER

Nur zwei Kilometer hinter den Mauern der Stadt spitzt sich die Landzunge von Lagos mit ihren rauen Felsen und steilen Klippen zu, bis sie an der Ponte da Piedade vom Meer umschlungen wird. Zwanzig Meter hoch ragen die Felsen dort in die Höhe und nehmen spektakulär bizarre Formen an. Lange Treppen führen in vielen Stufen hinab in die Bucht, sodass man die Felsbrocken ganz aus der Nähe bestaunen kann. Aber auch bei einem Spaziergang oberhalb der Küste zeigen sich die malerischen, von Wellen umbrandeten Steinformationen. Seit 1913 erhebt sich an dieser für Schiffe durchaus gefährlichen Felsenspitze ein Leuchtturm, der Farol da Ponta da Piedade, für dessen Bau eine kleine Kapelle weichen musste. Bootsausflüge, um die Küste vom Meer aus zu bewundern, finden nur bei ruhiger Wetterlage statt.

WEITERE INFORMATIONEN

Escultura Dom Sebastião:
Praça Gil Eanes, Lagos
Monumento São Gonçalo: Avinguda dos Descubrimentos (N-125), nahe der Forte da Ponta da Bandeira, Lagos

Die markanten Felsbögen der Ponte Piedade gehören heute zu den Wahrzeichen der Algarve.

45

MONCHIQUE – IM HERZEN DER SERRA

DIE ERDBEERBÄUMCHEN DER ALGARVE

Auf fast 450 Metern Höhe liegt Monchique. Entlang der steilen Straßen des von Hügeln geprägten Städtchens präsentieren Handwerker und Künstler ihre Werke: Keramik, Kork und Körbe und natürlich Medronho.

Erst spät im Jahr blüht der »Arbutus unedo«, der Hagapfel, den man an der Algarve Medronheiro nennt. Seinen deutschen Namen »Westlicher Erdbeerbaum« verdankt das Gewächs vermutlich der leicht stachelig anmutenden Hülle seiner süßen Früchte, die während der Wintermonate als gelbe, orange oder rote Farbtupfer aus dem Grün der Wälder hervorstechen. Die Ernte der beerenartigen Früchte des Medronheiros ist arbeits- und zeitintensiv, denn leider reifen sie nicht alle zur gleichen Zeit. Man muss mehrmals wiederkommen, um einen einzelnen Baum abzuernten.

Schnapsbrennen

In Monchique boomt die Herstellung des traditionellen Schnapses, der aus den Früchten des Erdbeerbäumchens gewonnen wird. Nicht industriell, sondern in familiären kleinen Manufakturen wird hier nach althergebrachter Art der Medronho gebrannt. Auch wenn das Brennen heute nicht mehr ganz so verbreitet ist wie früher und strenge Hygienevorschriften eingehalten werden müssen, hat sich in Monchique die Tradition bis heute gehalten. Die Ernte beginnt normalerweise im Oktober. Dann werden die reifen Früchte gepflückt und zum Fermentieren in großen Fässern gelagert. Die Destillation des Fruchtbreis erfolgt im Frühjahr. Der traditionelle Medronho ist klar und mit seinen 42 Prozent Alkoholgehalt ziemlich hochprozentig. Doch es gibt auch eine lieblichere Version, bei der Honig, Zimt und andere Gewürze zugegeben werden.

Trilho de Fóia

Hinter Monchique erhebt sich der höchste Punkt der Algarve, der Fóia. Auf 900 Metern Höhe schweift der Blick über die portugiesische Küste, die sich am Horizont erstreckt. Die Aussicht reicht vom Flussdelta des Rio Arade bis nach Portimão und Lagos. Vom Miradouro da Fóia führt ein rund sechseinhalb Kilometer langer Wanderweg einmal um den Gipfel herum. Auf dem Trilho de Fóia zeigen sich Landschaft und Vegetation der Serra de Monchique von ihrer schönsten Seite: Zur Pflanzenwelt des Gebirgszugs gehören außer Rosmarin, Lavendel, Zistrosen und Ginster auch Erdbeerbäumchen, Korkeichen und Eukalyptus. Wer den Rundweg um den Gipfel erfolgreich zurückgelegt hat, landet wieder an der Aussichtsplattform, wo man sich nicht nur erfrischen, sondern auch einen Blick auf die handwerklichen Traditionen des Ortes werfen kann. In einer kleinen Boutique zeigen Korbflechter, Töpfer und Glasmacher ihre traditionelle Kunst.

INFO

LIKÖR AUS DEM KLOSTER

In einem winzigen Laden in einer der Gassen der Altstadt von Monchique verkauft Cristina zwischen Honig und hübschen Keramiksachen ihre selbst gemachten »Licores do Convento«. Nach dem heute verlassenen Kloster Nossa Senhora do Desterro oberhalb des Ortes benannt, erinnern sie an die Mönche, die dort im 17. Jahrhundert süße Liköre herstellten. Wie einst die Franziskaner, rührt Cristina heute Früchte und duftende Kräuter der Serra de Monchique zu wohlschmeckenden Likören zusammen. In kleinen Flaschen aufgereiht, bietet sie Aromen von Kirsche über Holunderbeere, Mandel, Kräuter und Carob (die Frucht des Johannisbrotbaums) und natürlich auch Medronho an. Die Ruine des verlassenen alten Klosters erreicht man vom Zentrum Monchiques aus in einem zehnminütigen Spaziergang.

WEITERE INFORMATIONEN

Loja do Mel e do Medronho: Largo 5 de Outubro, 8550-462 Monchique
Artesanato Monchique Crafts: Miradouro de Fóia, N266-3, 8550 Monchique
Licores Do Convento De Monchique: R. do Porto Fundo 47, 8550-455 Monchique

↖ Vom Fóia, dem höchsten Punkt der Serra de Monchique, sieht man bis zur Küste hinab.
↑ Rund um Monchique wird in vielen kleinen Familienbetrieben der traditionelle Schnaps gebrannt: Medronho.

Bunte kleine Kugeln – die Früchte des Erbeerbäumchens reifen im Herbst heran.

46

ALTE – EIN TYPISCHES DORF

ESPARTOGRAS UND WANDMALEREIEN

Alte ist nicht nur der Geburtsort des Dichters Cándido Guerreiro und des Künstlers Daniel Vieira, der gemeinsam mit Renata Violetta die Wandbilder in den Straßen von Alte geschaffen hat, sondern seit 1938 das »typischste« Dorf der Algarve.

Nicht erst seit Alte zum »typischsten Dorf der Algarve« gekürt wurde, ist man hier sehr stolz auf die gut erhaltenen Häuser und alten Gassen sowie auf die besondere Art, Schornsteine zu bauen. Doch die traditionelle Architektur ist nicht der Hauptanziehungspunkt des kleinen Ortes. Es sind zwei Quellen, die Fonte Grande und die Fonte Pequena, die im Sommer viele Besucher in das kleine Dorf locken. Wenn die Sonne scheint, nutzen die Kleinen die Quellen gern als natürliches Schwimmbad und planschen vergnügt im Wasser. Die Großen erfrischen sich währenddessen in einem der Cafés im Schatten der Bäume. In und um Alte führen zahlreiche Wanderwege zu Wasserfällen wie dem Queda do Viagario und zu Quellen wie der Fonte Férrea oder der Fonte Benémola. Leider macht in den letzten Jahren die Trockenheit dem Süden Portugals schwer zu schaffen und selbst in dieser einst wasserreichen Waldgegend führen einige Quellen nur noch in den Wintermonaten Wasser.

Esparto und die Rua dos Pisadoiros

Viele Jahrhunderte lang lebten die Menschen in Alte von der Esparto-Verarbeitung. Esparto ist ein hoch wachsendes Gras, dessen Fasern zur Herstellung von Körben, Hüten, Lampenschirmen oder Espadrilles verwendet werden. Das Bearbeiten des Naturmaterials erforderte Geschick, viel Kraft und Geduld. Denn ehe man das Gras bearbeiten konnte, musste es eine Zeit lang im Wasser eingeweicht und anschließend mit einem speziellen Hammer weich geklopft werden, um es überhaupt flechten zu können. An einer Straßenecke der Rua dos Pisadoiros zeigen Wandbilder, wie die Frauen des Dorfes das harte Gras mit einem dicken Hammer bearbeiteten. Drei große schwarze Steine sollen genau hier gestanden haben, um als Unterlage für das Ausklopfen des Espartograses zu dienen. In den Becken, in denen das Gras eingeweicht wurde, baden heute meistens kleine Entenfamilien.

Die Legende

Der Legende nach ist der Name des Ortes einer adeligen Dame zu verdanken, die es gewohnt war, dass der Pfarrer die Messe nicht begann, ehe sie sich in der kleinen Kapelle eingefunden hatte. Da die Gutshöfe weit verteilt lagen, kam die Dame immer zu spät. Doch eines Tages war der Pfarrer des Wartens müde und hielt seinen Gottesdienst pünktlich ab. Als der Adeligen auf dem Weg zur Kapelle die anderen Gläubigen entgegen kamen, soll sie erbost »Halt!« gerufen haben, auf Portugiesisch »Alto!«. Doch der Gottesdienst war vorbei. Aufgebracht entschied sie daraufhin, eine eigene Kirche zu bauen. So entstand an dieser Stelle Alte.
Heute stößt man bei einem Bummel durch die alten Straßen fast an jeder Ecke auf die Wandgemälde eines Sohnes der Stadt: Cándido Guerreiro hat sich auf den Mauern und Wänden seines Heimatdorfes verewigt.

← Zahlreiche Wandmalereien zieren das kleine Dorf.
↓ Nachhaltig: Im Bici Arte Café gibt es regionale Küche im Fahrrad-inspirierten Ambiente.

INFO

BICI ARTE CAFÉ
Dort, wo die Hauptstraße eine Kurve macht, liegt das »Germano biciArte Café«. Die ungewöhnliche Dekoration besteht aus Fahrrädern und Fahrradteilen, denn neben kleinen Snacks und Gerichten, die aus saisonalen und lokalen Produkten zubereitet werden, dreht sich hier alles um das Rad. Pedro, der Inhaber des Fahrrad-Cafés, gibt gute Tipps und hat das ein oder andere Ersatzteil parat, falls während einer Tour mal etwas zu Bruch gehen sollte. Unter den Radfahrern, die auf den Strecken im Hinterland der Algarve unterwegs sind, hat sich sein »biciArte Café« schon einen Namen gemacht. Sie kehren gern hier ein, erfrischen sich kurz und treffen vielleicht ein paar Gleichgesinnte, bevor sie sich wieder auf den Sattel schwingen und in die Pedale treten.

WEITERE INFORMATIONEN
Germano biciArte Café: Estrada da Ponte 18a, 8100-012 Alte, germano.pt

47

LOULÉ – STADT DES HANDWERKS

NACHHALTIG UND KREATIV

In Loulé finden alte Traditionen und modernes Leben so gut zusammen wie sonst nirgendwo. Junge Menschen und Künstler aus aller Welt lernen von den Älteren das Korbflechten, Kupferschmieden oder Palmenblätter zu verarbeiten. Ein Ambiente voller Kunst und Kreativität.

Mehr durch Zufall fand man bei der Suche nach Grundwasser für neue Weideflächen mitten in Loulé einen unterirdischen Salzstock. An den Küsten wird seit Jahrtausenden Meersalz in den Salinen gewonnen, doch mit dem unter der Erde schlummernden Salzvorrat hatte niemand gerechnet. Eine Zeit lang wurde das weiße Mineral abgebaut, doch mittlerweile ist ein großer Teil der Tunnel stillgelegt und nun können Besucher die Welt der glitzernden Salzkristalle unter der Oberfläche besichtigen.

Maurische Vergangenheit

Über der Erde dominieren die Türme einer mächtigen Festungsanlage die Stadt. Hier befand sich vor vielen Jahrhunderten die maurische Siedlung Al-Ulya. Heute ist in den vielfach zerstörten, immer wieder auf- und umgebauten Überresten des Castelos ein kleines Museum untergebracht. Aus der Zeit, in der sich die Mauren in Loulé niedergelassen hatten, ist nicht mehr viel zu sehen. Die Burgtürme stammen aus christlicher Zeit, und an der Stelle, an der sich einst die Moschee erhob, steht heute die Igreja Matriz de São Clemente. Doch hinter der Fonte das Bicas Velhas stieß man vor einigen Jahren auf die Überreste eines arabischen Badehauses. Teile der Banhos arabes wurden bereits freigelegt und sollen bald für Besucher zugänglich sein. Die archäologischen Funde deuten darauf hin, dass unter der Straße und den nebenliegenden Gebäuden noch ein weit größerer als der bisher ausgegrabene Teil der maurischen Badeanlage verborgen liegt. Auch wenn der jahrhundertealte Hamam wegen der modernen Bebauung nicht vollständig freigelegt werden kann, ist das Badehaus ein seltener Schatz, den die Einwohner hüten.

Kunst und Handwerk

Im Zentrum Loulés finden sich viele Straßennamen, die auf alte Handwerksberufe hindeuten, die hier früher einmal zu Hause waren. Damit das über die Jahrhunderte gesammelte Wissen dieser Berufe nicht für immer verloren geht, hat man sich etwas einfallen lassen: Vor ein paar Jahren startete ein Projekt, das ältere Menschen, die ein vom Aussterben bedrohtes Handwerk beherrschen, mit interessierten jungen Männern und Frauen zusammenbrachte. Die Alten gaben ihre Kenntnisse und Erfahrungen gern an die nächste Generation weiter und die jungen Leute nahmen eifrig die Gelegenheit wahr, fast vergessene Handwerkskünste zu erlernen. Nicht nur in dem kleinen Atelier des Kupferschmiedes zu

→ Eines der zahlreichen Projekte Loulés, das sich erfolgreich dem Erhalt der alten Handwerkstraditionen widmet, ist das Projecto Tasa. Neben der kleinen Boutique in der Altstadt, in der man hübsch designte Dinge erwerben kann, werden Kurse zum Flechten, Weben und Werkeln angeboten.

Füßen der Burg interessierten sich bald immer mehr Künstler aus der ganzen Welt für die Techniken vergangener Zeiten. Es entstanden zahlreiche kreative Workshops und Werkstätten, das Projekt war ein toller Erfolg. Nirgendwo sonst ist das Kunsthandwerk heute so lebendig wie in Loulé. In einer kleinen Boutique in der Rua de Portugal werden nicht nur Kurse zur Bearbeitung traditioneller Materialien wie Bambus, Espartogras, Kork oder Palmenzweige angeboten, sondern auch nützliche und ausgefallene Produkte verkauft, die mit alten Techniken aus lokalen Naturstoffen gefertigt wurden. Der kleine Laden des Projektes Tasa hat sich erfolgreich zum Ziel gesetzt, Handwerk, Landschaft und modernes Design zusammenzubringen.

Einkaufen mit Geschichte: Markt und Krämerladen

Rund um die 1908 erbaute Markthalle errichten die Kleinbauern aus der Umgebung jeden Samstag ihre Stände. Doch nicht nur an diesem wichtigen Markttag kann man in Loulé bestaunen, was die Natur an köstlichen Produkten hervorbringt. Die Halle ist auch wochentags geöffnet und seit Neustem beherbergt das maurisch anmutende Gebäude sogar zwei kleine Restaurants.
Nur wenige Schritte vom Markt entfernt liegt ein ganz anderer Einkaufstempel. Seit 1908 führt die Familie Guerreiro in der dritten Generation einen Krämerladen, in dem sie neben leckeren Weinen der Algarve und traditionellem Gebäck vor allem regionale Besonderheiten anbietet, die man in keinem Supermarkt findet. So füllt Manuel António – wie schon sein Vater und sein Großvater vor ihm – auch heute noch unverpackten Zichorienkaffee für die Kundinnen aus der Nachbarschaft ab und hält für sie auch ganz praktische Waren bereit.

Mandeln und Trockenfrüchte

Auch in Loulé kommt man nicht um die schmackhaften Vanilletörtchen, die Pasteis de Natas, herum. Doch hier gibt es etwas, das fast noch köstlicher ist: Mandeltörtchen. Neben Feigen und den Früchten des Johannisbrotbaums gehören Mandeln zu den wichtigsten Leckereien der Algarve. In einem netten Café mit eigener Backstube, das sich passenderweise »Mandelfabrik« nennt, werden daher viele der angebotenen Kuchen und Küchlein mit der »Königin der Trockenfrüchte« hergestellt. Aber auch die Frucht des Johannisbrotbaums, dessen Schoten zu einem tiefschwarzen Mehl verarbeitet werden, kommt hier nicht nur als Schokoladenersatz zum Einsatz. Nach alten Rezepten entstehen tagtäglich traditionelle Gebäckstücke, ofenfrisch und verführerisch duftend. Nicht weit von der »Fábrica da Amêndoa« entfernt liegt in der Rua Gil Vicente 14 ein kleines Museum. Dort wird anhand alter Maschinen anschaulich gezeigt, wie Carob, die Früchte des Johannesbrotbaums, und Mandeln geerntet wurden.

↗ Rund um die maurisch anmutende Markthalle bauen am Wochenende kleine lokale Produzenten ihre Stände auf.
↖ In Loulé kann man dem Kupferschmied bei der Arbeit zusehen.
← Der Krämerladen nahe der Markthalle versorgt seit 1908 die Kundinnen aus der Nachbarschaft.

INFO

QUINTA DA TÔR

Kein geringeres Ziel, als den Geschmack der Algarve in Flaschen zu füllen, hat sich das Weingut »Quinta da Tôr« vorgenommen. Die kleine, erst 2011 gegründete Weinkellerei liegt nördlich von Loulé auf einem alten Landgut in dem Örtchen Aldeia da Tôr. Weitab der überfüllten Touristenstrände ist auch das die Algarve: Ruhe, Abgeschiedenheit und viel grüne Natur. Bei den Führungen über das Anwesen lernt man den kleinen Familienbetrieb kennen, besichtigt den unterirdischen Weinkeller und verkostet ein paar der hier produzierten Weine. Ein anschließendes Bad im Pool mit Blick auf die Weinberge ist nicht nur erlaubt, sondern durchaus erwünscht. Nach einer Verkostung darf man hier gern verweilen, denn die Gäste der »Quinta da Tôr« sollen die ländliche, grüne Algarve möglichst mit allen Sinnen erleben.

WEITERE INFORMATIONEN

Kupferschmiede: Oficina de Caldeireiros, Rua da Barbacã 26–28, 8100-546 Loulé
loulecriativo.pt
Projecto Tasa: Rua de Portugal 35 B, 8100-554 Loulé,
projectotasa.com
Mercearia e Garrafeira: Rua José Fernandes Guerreiro 18, 8100-562 Loulé
Fábrica da Amêndoa: Largo Gago Coutinho 16, 8100-612 Loulé
Mina de Sal-Gema de Loulé: Rua dos Combatentes da Grande Guerra 80, 8100-616 Loulé

Quinta da Tôr: Aldeia da Tôr, Morgado da Tôr, 8100-397 Loulé,
quintadator.com

48

ESTOI – DIE TREPPE DER LIEBESPAARE

EIN ROMANTISCHER SCHLOSSGARTEN

Die Azulejos-Treppe im Garten des luxuriösen Rokoko-Palastes ist nicht der einzige Schatz, den Estoi zu bieten hat. Wenige Kilometer vor den Toren des kleinen Ortes lag vor über tausend Jahren ein prachtvolles römisches Anwesen, die Villa Milreu, deren Ruinen man noch heute bewundern kann.

Die eher schlicht wirkende Igreja Matriz de Estoi erreicht man über eine Treppe. Von dem kleinen Dorfplatz führen ein paar Stufen zum Eingang des Gotteshauses hinauf. Nach dem Erdbeben im Jahr 1755, das weite Teile der Algarve zerstörte, bauten die Dorfbewohner ihre Kirche liebevoll wieder auf. Da es ihnen vermutlich an Baumaterial fehlte, errichteten sie die Altäre ihrer Kirche kurzerhand aus dem Holz alter Schiffe. In einer der seitlichen Kapellen nutzten die Einwohner sogar ihr Werkzeug zur Dekoration des Altars.

Jardim do Palácio de Estoi

Vom Dorfplatz aus erreicht man nach wenigen Metern eine rosa Mauer mit einer alten Pforte. Durchschreitet man dieses Tor, führt der Weg in eine hübsche Parkanlage, die Gärten des Palácio de Estoi. Ein Ziel vieler Liebes- und Hochzeitspaare und gleichzeitig Endpunkt des öffentlich zugänglichen Teils des Parks ist die Freitreppe des Schlossgartens. Hinter der über und über mit blau-weißen Kacheln dekorierten Treppe verbirgt sich der prachtvoll restaurierte Palast, in dem heute ein Luxushotel untergebracht ist. Inmitten der fotogenen Azulejos-Treppe befindet sich ein Hohlraum mit einer Quelle. Die Wände dieser kleinen Höhle sind mit alten Mosaiken geschmückt, wie man sie ganz ähnlich auch oberhalb der Treppenstufen auf dem Boden wiederfindet. Diese hübschen Verzierungen erinnern an die römischen Mosaike der nahe gelegenen Ausgrabungsstätte der Ruinen von Milreu.

Die Ruinen von Milreu

Viel ist leider nicht von dem einst prachtvollen römischen Landsitz erhalten geblieben. Zu viel »Baumaterial« der Ruinen wurde im Laufe der Jahrtausende andernorts wiederverwertet. An einigen Stellen kann man jedoch bis heute die aufwendig dekorierten Wasserbecken erkennen. Zahlreiche Meeresmotive, verschiedene Fische oder ein Dreizack, finden sich an den Wänden der Therme und auf den verbliebenen Mosaikböden. Sie legen Zeugnis vom Reichtum und Wohlstand der römischen Villa ab, die viele Jahrhunderte unter der Erde schlummerte, bis sie gegen Ende des 19. Jahrhunderts entdeckt wurde. Sogar die Überreste eines bedeutenden Tempels, den die ersten Christen, die sich nach dem Niedergang des Römischen Reiches an der Algarve niedergelassen hatten, vermutlich als Kirche nutzten, sind erhalten geblieben. Die Mauren verweilten hier nur kurz und hinterließen kaum Spuren, ehe die Villa rustica schließlich für viele Jahrhunderte von der Erdoberfläche verschwand.

INFO

CERRO DE CABEÇA

In Montcarapacho, nur wenige Kilometer von der Küste entfernt, erhebt sich ein rund 250 Meter hoher Hügel, der Cerro de Cabeça. Der zur Serra de Monte Figo gehörende Gipfel ist zwar nicht der höchste Punkt des Gebirgszugs, aber dafür ist die Aussicht unschlagbar. Steil geht die Straße hinauf, wer mit dem Auto fährt, verzichtet gern auf Gegenverkehr. Der Wanderweg ist eine schöne Alternative, um die Sicht aufs Meer zu genießen. Der Blick fällt auf die Lagune der Ria Formosa und ihre Inseln, auf die kleinen und größeren Küstenorte und auf eine von Wind und Wetter geformte Landschaft aus Felsen und Karstrinnen. Unterhalb des Hügels hat die Natur zahlreiche Grotten und Höhlen gegraben, in denen archäologische Funde auf eine mögliche Nutzung durch Menschen schon im ersten Jahrtausend vor Christus hindeuten.

WEITERE INFORMATIONEN

Hotel Palácio de Estoi:
pousadas.pt/de/hotel/pousada-estoi
monumentosdoalgarve.pt/pt/monumentos-do-algarve/ruinas-romanas-de-milreu

↖ Die mit blauen Kacheln dekorierte Treppe zum Garten des Palastes von Estoi ist eines der beliebtesten Fotomotive des kleinen Ortes.
↑ Wunderschöne Fischmotive sind in den nahe bei Estoi gelegenen Ruinen von Milreu zu sehen.

49

FARO – STADT DER STÖRCHE

ZWISCHEN KULTUR UND ROMANTIK

Überall klappern sie von den Dächern und Türmen: Faro ist ohne die zahlreichen Störche gar nicht zu denken. Längst haben sie die Stadt am Rande der Ria Formosa zu ihrem Winterquartier erkoren.

Faro ist eine der ältesten Städte an der Algarve. Schon die Römer siedelten hier und auch die Mauren ließen sich an dieser Stelle nieder. Die von ihnen errichtete Burg war einst vom Meer umschlossen, doch der Verlauf der Küste hat sich seitdem verändert und ist heute nicht mehr derselbe wie zu Zeiten der maurischen Eroberer. Das historische Zentrum Faros liegt auf einem Hügel in der Nähe des Ufers. Im Laufe vieler Jahrtausende hatte sich immer mehr Sand vor der Küste gesammelt und die Inseln der Ria Formosa entstehen lassen, die heute für viele Bewohner ein beliebtes Naherholungsgebiet sind. Dank dieser vorgelagerten Sandbänke blieb Faro im Gegensatz zu vielen anderen Städten von dem großen Erdbeben, das 1755 weite Teile der Algarve schwer beschädigte, weitgehend verschont.

Maurische Epoche

Drei der alten Stadttore, durch die man Faro in früheren Jahrhunderten betrat, sind noch heute erhalten. Störche klappern auf den höchsten Erhebungen der Portale, wo sie ihre Nester errichtet haben. Im Durchgang des Arco de la Vila ist sogar noch eine maurische Pforte zu erkennen. Diese »Porta Arabe« mit ihren typisch geschwungenen Bögen ist heute eine Seltenheit, denn aus der Zeit der Mauren konnte in Portugal nur wenig bewahrt werden. Der Largo de Sé ist ein ruhiger, von Verwaltungsgebäuden und Orangenbäumen umsäumter Platz. Vom Turm der Kathedrale kann man einen Blick auf die Ria Formosa werfen. Gleich um die Ecke geht es hingegen geschäftiger zu. Auf der Praça Dom Afonso reihen sich die Tische und Stühle der Cafés und Restaurants zu einem bunten Stelldichein dicht aneinander. Eines der Restaurants, das »Tertúlia«, serviert nicht nur traditionelle Speisen, sondern organisiert darüber hinaus Kochkurse, bei denen man klassische Gerichte der Algarve, wie etwa den Muscheleintopf Cataplana, zubereiten lernt.

Museu Regional do Algarve

Das kleine ethnologische Museum der Algarve zeigt unter anderem traditionelle Handwerkskunst. Neben zahlreichen Bildern und Gegenständen, die das Leben der Menschen in diesem südlichen Zipfel Portugals nachzeichnen, werden mit einfachen, aber anschaulichen Mitteln kleine Szenen typisch algarvianischer Haushalte vergangener Jahrhunderte nachgestellt. Dank der liebevollen Details kann man einen Blick in das Leben der Einwohner werfen, ehe die Touristenströme die Küste erreichten.

→ Die elegante Atmosphäre des Teatro Lethes in Faro steht den großen Opernhäusern Europas in nichts nach.

Andächtig: die Knochenkapelle – la Capela dos Ossos

Sehr beeindruckend ist eine kleine Kapelle hinter der Igreja do Carmo, keine zehn Gehminuten vom geschäftigen Zentrum Faros entfernt. Das Beinhaus der Kirche ist über und über mit Knochen der Mönche verziert, die einst dem Orden der Karmeliter angehörten. Die Dekoration aus Schädeln, Bein- und anderen Knochen ihrer längst verstorbenen Brüder war für die Mönche ein Zeichen der Mahnung. Ein Spruch unterstreicht das ehrfürchtige Ansinnen, mit dem die Besucher an die Vergänglichkeit des Lebens erinnert werden sollen: »Pára aqui a considerar que a este estado hás-de chegar«, was in etwa bedeutet: »Halte ein und denke daran, dass auch du irgendwann diesen Zustand erreichen musst.«

Ein Hauch von Glamour – das Teatro Lethes

Von außen wirkt es unscheinbar, doch drinnen erinnert das Theater von Faro an die glanzvolle Mailänder Scala. Samtbezogene Sessel, geschwungene Balkone und prunkvolle Deckenbemalung gleichen nicht von ungefähr dem berühmten italienischen Opernhaus. Das elegante Teatro de Sao Carlos in der Hauptstadt Lissabon, dem seinerseits tatsächlich die Mailänder Scala als architektonische Vorlage gedient haben soll, lieferte die Inspiration zum Bau einer Oper an der Algarve. Auch den ungewöhnlichen Namen verdankt das Teatro Lethes einem Italiener. Der Förderer der schönen Künste war so begeistert von der griechischen Mythologie, dass er das alte Gebäude vor dem Verfall rettete und nach dem mystischen Fluss Lethe benannte, dessen Wasser in der antiken Unterwelt für das Vergessen sorgte.

Shopping

Ganz und gar weltlich geht es hingegen in den hübschen Straßen der Fußgängerzone zu. Das kunstvoll gemusterte Pflaster auf dem Boden der Einkaufsmeile verleiht der Stadt einen mondänen Charme. Zwischen den vielen kleinen Boutiquen und Cafés liegt auch das Café »Aliança«, zur letzten Jahrhundertwende einer der Treffpunkte der Künstler und Intellektuellen. Die dunklen Marmortische, das originale Mobiliar und eine Fotosammlung im hinteren Bereich erinnern an die Zeit der politischen Debatten. In einem kleinen Laden schräg gegenüber dem Café wähnt man sich hingegen im bunten Zirkusambiente der 1920er-Jahre. Farbenfrohe Schachteln und kleine Dosen mit unterschiedlichen Fischkonserven der Firma Comur erinnern an die große Bedeutung, die diesem Industriezweig in der portugiesischen Wirtschaft über lange Zeit zukam. Auch wenn inzwischen die meisten fischverarbeitenden Fabriken geschlossen sind, haben sich die bunten Comur-Konserven, vermutlich auch dank des geschickten Marketings, bis heute gehalten.

↗ Eine ruhige, mit Kopfstein gepflasterte Gasse in der historischen Altstadt Faros.
↖ Versteckt hinter der Igreja do Carmo verborgen, liegt die Capela dos Ossos.
← Das Café Restaurant Tertulia mit Terrasse, inmitten der Altstadt.
→ Restaurant in der obersten Etage des Hotel 3HB.

INFO

HOTEL TIPP 3HB

Einer der schönsten Plätze, um den Sonnenuntergang an der Ria Formosa zu genießen, ist die Dachterrasse des Hotels »3HB« inmitten der Fußgängerzone. Am Abend mit einem Glas Wein in der Hand den sich langsam rosa färbenden Himmel zu bestaunen, ist einfach romantisch. Aber auch schon beim Frühstück kann man vom Restaurant im obersten Stockwerk des schicken Fünf-Sterne-Hotels den Blick über die Dächer der Stadt schweifen lassen. Seit das ehemalige Einkaufszentrum zu einem eleganten Luxushotel umgebaut wurde, gibt es außer der beeindruckenden Terrasse mit Schwimmbad und Bar auch einen Spa- und Wellness-Bereich im unteren Geschoss. Traditionelle Handwerkskunst schmückt die Flure und Gänge und kleine, aufmerksam ausgewählte Details erinnern die Gäste auch in den großzügig geschnittenen Zimmern stets daran, dass sie sich hier an der Algarve befinden.

WEITERE INFORMATIONEN

3HB Faro:
Rua Vasco da Gama 33
8000-442 Faro
3hb.com
Tertúlia Algarvia
Praça Dom Afonso III. 15
8000-167 Faro
tertulia-algarvia.pt

Museu Regional do Algarve:
Praça da Liberdade 2
8000-329 Faro

50

OLHÃO – MÄRCHENHAFTES FISCHERDORF

DIE LEGENDEN DER FISCHER

In Olhão faszinieren alte Geschichten vom Riesen Arraúl, der den Untergang des legendären Atlantis überlebte, oder von der verzauberten Prinzessin Floripe, die die Fischer verführte, um zurück nach Hause zu gelangen.

Viele Jahrhunderte lang lebten die Familien des kleinen Dorfes an der Ria Formosa vom Fischfang. Früh am Morgen fuhren die Männer in kleinen Booten hinaus auf See. Ein Knochenjob. Als die ersten Fabriken öffneten, die den frischen Fang direkt im Hafen haltbar machten und die Fische als Delikatesse in die ganze Welt verschickten, bedeutete das für die Menschen in erster Linie Arbeitsplätze und einen bescheidenen Wohlstand. Doch die Zeit der großen Fischfabriken ging vorbei. Die Konkurrenz aus dem Ausland konnte billiger produzieren, sodass in Olhão ein Betrieb nach dem anderen schließen musste.

Zum Glück hat sich der kleine Ort das Ambiente eines Fischerdorfs bewahrt. Noch immer findet hier jeden Samstag der größte Fischmarkt der Algarve statt. Rund um die beiden zu Beginn des letzten Jahrhunderts errichteten Markthallen werden zahllose kleine und große Stände aufgebaut, an denen frisches Obst und Gemüse farbenfroh um die Wette glänzen, während in den Hallen Touristen wie Einheimische Ausschau nach dem besten Fisch halten.

O Caminho das Lendas, der Legendenweg

Nur wenige Meter von den belebten Markthallen entfernt beginnt ein Labyrinth schlichter schmaler Gassen: das Fischerviertel. Ein ganz besonderer Weg führt durch diesen malerischen Ortsteil mit seinen weiß getünchten Häusern. Damit all die Geschichten, die sich die Menschen schon seit Jahrhunderten erzählen, nicht verloren gehen, hat die Stadt einen Legendenweg eingerichtet, auf dem auch die Besucher Olhãos die alten Sagen von verschwundenen Prinzessinnen, gutmütigen Riesen und unglücklichen Liebespaaren kennenlernen können. Und so erinnern kleine Statuen auf den verborgenen Plätzen des Viertels an die alten Legenden der Fischer.

Wandbilder der Erinnerung

Der Legendenweg endet an einem Platz, an dem einst viele Fischfabriken standen. Nach Fotos aus den Archiven entstanden an den Mauern der ehemaligen Fabrikgebäude überdimensionale Wandbilder, die den längst vergangenen Alltag in Olhão zeigen. Da fahren die Kutter auf See, Fischer flicken ihre Netze, Frauen verpacken den Fisch oder hängen Wäsche auf. Sogar zwei portugiesische Wasserhunde toben fröhlich am Strand.

INFO

HOTEL TIPP REAL MARINA

Das »Real Marina« liegt direkt am Hafen. Von den Balkonen der Zimmer, die zur Ria Formosa hinausgehen, sieht man die Sonne auf- und wieder untergehen, denn die Frontseite des Fünf-Sterne-Hotels zeigt gen Süden. Zu Fuß sind es nur wenige Hundert Meter in die Gassen des Fischerviertels. Auf der gegenüberliegenden Straßenseite führt eine Promenade vom Jachthafen zu den Markthallen, hinter denen die Fähren ablegen, die zu den Inseln der Ria Formosa übersetzen. Im Hotel kann man bei Ebbe schon vom Bett aus die Muschelsammler beobachten, die sich auf den vielen kleinen Sandbänken der Ria nach den Amêijoas, den leckeren Herzmuscheln, bücken. Zur Abkühlung lockt der Hotelpool zu einem Sprung ins erfrischende Wasser und im Restaurant werden traditionelle Köstlichkeiten der Algarve serviert.

WEITERE INFORMATIONEN

Real Marina: Av. 5 de Outubro, 8700-307 Olhão, realmarina.realhotelsgroup.com
O Caminho das Lendas: Bairro da Barreta
Deutsche Stadtführungen Legendenweg: Lina Santos; reiseleitung-portugal.com/lina-santos/

← Murais werden die überdimensionalen Wandgemälde genannt, die heute die Mauern der alten Fischfabriken zieren.
↑ Man sagt, die Fischer Olhãos hätten sich für den Bau ihrer Häuser von der Architektur Nordafrikas inspirieren lassen.

51

TAVIRA – EINE STADT AM FLUSS

EIN BLICK ÜBER DIE DÄCHER

Farbenfrohe Bougainvilleen ranken leuchtend über den Türen und Fenstern der weißen Häuser im maurischen Viertel Taviras. Unten am Fluss, vor dem kleinen Pavillon nahe der alten Markthalle, planschen kleine und große Schildkröten fröhlich im Wasser.

Auch wenn die Ponte Romano, die in Tavira über den Fluss führt, nicht wirklich römischen Ursprungs ist, gehört diese alte Brücke zu den schönsten Fotomotiven der Stadt. An beiden Seiten des Flussufers sitzen Menschen auf den Terrassen der Bars und Cafés und genießen den beruhigenden Anblick des dahinfließenden Wassers. Überquert man die Brücke gen Süden, geht es auf der anderen Seite den Hügel hinauf zu den Überresten einer maurischen Burg. Unterhalb der ehemaligen Festung erinnern besondere Details in der Bauweise der kleinen Häuser, wie die mit feinen Gittern besetzten Fenster oder die Türklopfer in Form einer weiblichen Hand, an den maurischen Ursprung des Viertels.
Gegenüber der Igreja da Misericórdia, die an der Stelle errichtet wurde, an der sich einst eine maurische Moschee erhob, gelangt man zum Castelo de Tavira. Genau genommen ist von der einstigen Festung heute nur ein blühender Garten geblieben: zarte Blüten und Knospen, üppig wucherndes Grün und ein einmaliger Ausblick auf die Dächer von Tavira und die nahe gelegene Küste.

Das Auge von Tavira

Unweit der verbliebenen Türme und Mauern der alten Burg erhebt sich ein ganz anderes Bauwerk. Die Torre de Tavira wurde 1931 ursprünglich als Wassertank angelegt und sollte die Versorgung der Bevölkerung mit frischem Trinkwasser sicherstellen. Doch mit den Staudämmen, die während der 60er- und 70er-Jahre im Hinterland entstanden, war das Reservoir in luftiger Höhe bald überflüssig. Erst in den 2000er-Jahren kam man auf die Idee, das Gebäude wieder nachhaltig nutzbar zu machen. Im Zuge des Projekts »Tavira Eye« wurde aus dem Wassertank eine Camera obscura. Durch ein Loch in der Decke fällt Licht in den abgedunkelten Innenraum des runden Turms. Auf einem weißen Tisch, der sich heben und senken lässt, erscheinen die Häuser von Tavira live und in Farbe. Man erkennt Menschen auf den Straßen und sieht die Fahne auf der Burg wehen. Dazu gibt es Erklärungen zu den Gebäuden und spannende Geschichten aus der Vergangenheit der Stadt am Fluss.
Zurück am Flussufer führt ein kleiner Spazierweg zur ehemaligen Markthalle. Statt die alte Eisenkonstruktion abzureißen, entschied man sich zur Jahrtausendwende dafür, den ehemaligen Fischmarkt zu erhalten und das rund einhundert Jahre alte Gebäude anderweitig zu nutzen. Heute befinden sich in der einstigen Markthalle kleine Läden, Boutiquen und nette Cafés.

INFO

HOTEL TIPP VILA MONTE
Unweit von Tavira liegt das Hotel »Vila Monte Farm House« in einem kleinen Park. Zu der traumhaft schönen Grünanlage bei Moncarapacho gehören neben den Gebäuden, die mit ihren maurisch anmutenden Höfen und den Orangenbäumen an die Märchen aus Tausendundeiner Nacht erinnern, auch ein kleiner, asiatisch wirkender Teich, in dem leuchtende rot-bunte Koi-Karpfen zu Hause sind. Am Morgen zwitschern die Vögel in den Bäumen um die Wette, am Abend beleuchten kleine Feuer in der grünen Parkanlage den Weg zum Zimmer. Sowohl das Frühstück mit Croissants, Brot, frischem Obst, Müsli und portugiesischen Natas, als auch die Gerichte, die im Restaurant des Hotels auf den Tisch kommen, sind dem lokalen Angebot der Jahreszeit angepasst und stammen vorwiegend aus der näheren Umgebung.

WEITERE INFORMATIONEN
Sitio dos Caliços, 8700-069 Moncarapacho, vilamonte.com
Tavira Eye: Calçada da Galeria 12, 8800-306 Tavira, cameraobscuratavira.com
Mercado da Ribera: Largo José Pires Padinha 60, 8800-354 Tavira

↖ Blick über die Dächer Taviras vom Alto de Santa Maria, dem höchsten Punkt Taviras, auf dem sich der alte Wasserturm befindet.
↑ Caféterrassen in der Altstadt Taviras, unterhalb der Burg.

52

CASTRO MARIM – VOM MEER UMSCHLOSSEN

TEMPELRITTER UND BERGE AUS SALZ

Am Ortseingang begrüßt das moderne Denkmal eines Kreuzritters die Besucher der kleinen Stadt nahe der spanischen Grenze und erinnert an die ereignisreiche Vergangenheit der einst mächtigen Burg.

Ehe man die kleine Stadt erreicht, durchquert man ein mit weißen Hügeln durchzogenes Marschland. Die Salinen, in denen in den Sommermonaten Meersalz gewonnen wird, reichen rechts und links der Straße bis zum Horizont. Im Winter stolzieren neben den rosa Flamingos bis zu zweihundert Arten einheimischer und durchreisender Zugvögel auf der Suche nach Nahrung durch die mit Wasser gefüllten Becken.

Die Burg nahe der Grenze

Inmitten der weiten Ebene, auf den Überresten einer maurischen Festung, errichteten die Portugiesen im 13. Jahrhundert eine trutzige Burg. Von diesem Hügel aus verteidigten sie den Hafen und die Siedlung, denn das Gebiet der Flussmündung des Rio Guadiana war ein viel umkämpfter Landstrich. Besonders in Kriegszeiten kam es hier immer wieder zu Angriffen aus Kastilien und Nordafrika.
Unterhalb der Burg, nahe der Hauptstraße, die durch den kleinen Ort führt, liegt die Hauptkirche von Castro Marim. Bummelt man die Straße hinauf zur Colina do Revellin, gelangt man zu einer alten Mühle. Von dort genießt man eine wunderbare Aussicht auf die Landschaft und die Salinen.

Die Tempelritter

Als der französische König im 14. Jahrhundert den allzu mächtig gewordenen Orden der Templer verbot, fanden diejenigen, die seinen Schergen entkamen, in Portugal Unterschlupf, wo König Dinis bald schon einen neuen Militärorden gründete. Da viele Besitztümer des legendären Templerordens geraubt oder beschlagnahmt worden waren, machten sie das Castelo de Castro Marim zum ersten Sitz des neuen Christusordens. Erst einige Jahre später verlegte der Orden sein Zentrum Richtung Nordwesten, nach Tomar.
Hinter mächtigen, sich über dem kleinen Ort erhebenden Außenmauern der Burg verbergen sich die erhalten gebliebenen Überreste der ersten maurischen Festung. In dieser ersten »Burg in der Burg« zeigt heute ein kleines archäologisches Museum Funde der Ausgrabungen. Die Igreja da Nossa Senhora dos Mártires, eine Kapelle innerhalb des schützenden Mauerrings, erzählt mit einer Ausstellung die Geschichte des Christusordens, o Ordem de Cristo. Erklimmt man die wenigen Stufen des begehbaren Steinwalls, reicht der Blick bis zu dem im 17. Jahrhundert errichteten Forte São Sebastião auf dem gegenüberliegenden Hügel. Durch die Verbindung der beiden Kastellen wurde das viel umkämpfte Castro Marim zu einer der stärksten Befestigungsanlagen der Algarve.

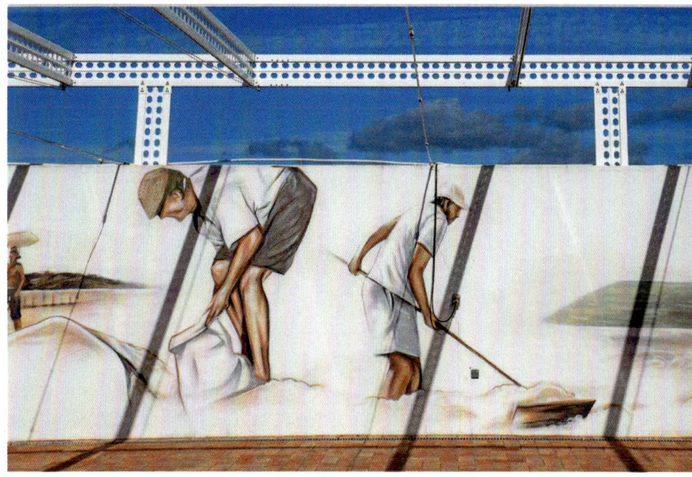

INFO

SAL MARIM

Zu Füßen der Burgmauern reihen sich scheinbar endlose Salzbecken aneinander. Schon die Römer schöpften hier das Meersalz aus dem Wasser. Salz war über die Jahrhunderte ein wertvolles Handelsgut, auf das hohe Zölle und Steuern gezahlt werden mussten. Heute ist die früher kaum beachtete Salzblume, la Flor de Sal, der größte Schatz der Salinen. Jeden Morgen müssen die ersten salzigen Kristalle, die beim Trocknen in den gefluteten Becken nach etwa zwei Wochen beginnen auszuflocken, behutsam von Hand abgeschöpft werden. Diese traditionelle Art der Salzgewinnung ist körperlich aufreibend und anstrengend. Nur wenige kleine Familienunternehmen wie »Salmarim« ernten die weißen Kristalle noch heute auf diese Weise, denn Jorge Raiado ist mit Leidenschaft und Liebe bei der Arbeit. Die Führungen durch die Salinen von »Salmarim« vermitteln kulinarische Erfahrungen.

WEITERE INFORMATIONEN

Salmarim: Salina do Moinho das Meias, Apart. 42,
8950-909 Castro Marim, salmarim.com
Castelo:
Travessa do Castelo 3
8950-137 Castro Marim

← Flor de Sal, Blumen aus Salz, heißen die feinen Kristalle, die sich auf der Wasseroberfläche bilden und von Hand abgeschöpft werden.
↑ Nach wie vor spielt die Salzgewinnung auf den Feldern um Castro Marim eine große Rolle.

53

VILA REAL DE SANTO ANTÓNIO –AM GUADIANA

POMBALS PLAN EINER NEUEN STADT

Schnurgerade erstrecken sich die Straßen der im Schachbrettmuster angelegten Stadt Vila Real de Santo António. Täglich überquert eine Fähre von hier aus den Grenzfluss Guadiana und verbindet Portugal mit dem kleinen spanischen Städtchen Ayamonte am anderen Ufer.

Orangenbäume stehen rund um den großen Platz mit dem Obelisken, der wie ein mahnendes Denkmal auf der Praça Marquês de Pombal zum Himmel weist. Der portugiesische Staatsmann Pombal, der im 18. Jahrhundert die Pläne zum Bau der kleinen Grenzstadt entwarf, hatte zuvor große Teile der vom Erdbeben schwer getroffenen Altstadt Lissabons neu gestaltet. Doch an der Algarve traf er zunächst auf Widerstand in der Bevölkerung. In nur wenigen Monaten ließ Pombal am Ufer des Guadiana eine nagelneue, prachtvolle Grenzstadt aus dem Boden stampfen, obwohl die Fischer ihr bei dem Beben vom Meer verschlungenes Dorf Santo António de Arenilha lieber an alter Stelle wieder aufgebaut hätten. Direkt gegenüber des spanischen Ortes Ayamonte gelegen, sollte die neue Stadt sicher auch die eroberungshungrigen Nachbarn jenseits des Flusses beeindrucken, denn damals war die Gefahr eines Einmarsches nicht zu unterschätzen. Pombal musste an der Grenze Stärke zeigen. Die gleichförmige und geradlinig elegante Architektur der Stadt sollte die Effizienz sowie die Aufgeklärtheit Portugals auch nach außen sichtbar machen.

Shopping Paradies am Grenzfluss

Heute schlendern die »spanischen Eroberer« Einkaufstüten schwenkend durch Vila Real de Santo António. In den hübschen kleinen Straßen reihen sich Boutiquen, Restaurants und Cafés aneinander. In der »Real Caféteria« ist die Auswahl an verführerischen Gebäckstücken besonders unwiderstehlich. Von dem Platz, der den Namen des Stadtgründers trägt, sind es nur wenige Gehminuten zum Guadiana, wo man an der Uferpromenade zum Fähranleger und dem kleinen Hafen bummeln kann.

Cacela Velha

Ein paar Kilometer außerhalb von Vila Real de Santo António liegt das alte Cacela, einst eine römische Villa am Meer, heute ein winziges Bauerndorf. Mit der Entstehung der Ria Formosa und der Bildung der Sandbänke vor der Küste verschwand der direkte Zugang zum Meer. Bei Niedrigwasser kann man zu Fuß auf die vorgelagerte Insel waten, bei steigendem Wasser setzen kleine Boote zu den breiten Sandstränden über. Fischer leben in dem kleinen Dorf schon lange nicht mehr, doch die unvergleichlich schöne Aussicht und die traumhaften Strände der Ria Formosa locken heute die Erholungssuchenden in das ruhige Cacela Velha.

INFO

HOTEL TIPP

Zu Beginn des letzten Jahrhunderts mussten Geschäftsleute und Händler noch über Vila Real de Santo António fahren, um nach Madrid oder Nordeuropa zu gelangen. Ursprünglich als Hotel für Handlungsreisende errichtet, ist das »Grand House« seit der Restaurierung und Neueröffnung gänzlich der Erholung gewidmet. Im Charme der 1920er-Jahre eingerichtet, erinnert das Luxushotel an die glorreiche Zeit der Stadt als Knotenpunkt des Handels. Eine breite Treppe führt in den ersten Stock hinauf ins Restaurant. Dort fällt der Blick durch die Fenster auf die im Hafen liegenden Segeljachten. Zum Hotel gehört eine eigene Strandbar mit Restaurant und Pool. Grüne Palmen werfen ihre Schatten und die im Sand gespannten Hängematten verbreiten an einem ruhigen Abschnitt des Guadiana ein fast karibisches Ambiente.

WEITERE INFORMATIONEN

Grand House: Avenida da República 171, 8900 Vila Real de Santo António,
grandhousealgarve.com

← Die Praça Marques de Pombal befindet sich im Zentrum der geradlinigen Straßenzüge Vila Real Santo Antónios.
↑ Von Cacelha Velha bietet sich ein wunderschöner Blick auf die Lagune der Ria Formosa.

54

ALCOUTIM – LEBEN AM GRENZFLUSS

VON FISCHERN UND SCHMUGGLERN

Unter den wachsamen Augen einer farbenfrohen Riesenrobbe, dem aus Plastikmüll entstandenen Kunstwerk des portugiesischen Künstlers Artur Bordalo, spielen im Hafen von Alcoutim die weißen Statuen des Schmugglers und des Zöllners Katz und Maus.

Neben der kleinen Kapelle Santo António flickt ein stummer Fischer stoisch an seinem Netz. Vor einer blühenden Bougainvillea erinnert die weiß im Sonnenlicht strahlende Statue daran, dass die Fischerei viele Jahre lang das Leben der Menschen am Guadiana bestimmte. Da es früher wenig Straßen in dieser recht abgelegenen Ecke Portugals gab, dienten die Flüsse nicht nur der Fischerei, sondern waren gleichzeitig auch Transportwege.

Die weißen Statuen am Hafen

Der Grenzfluss verleitete in früheren Jahrzehnten so manchen dazu, teure Handelswaren wie Tabak oder Kaffee zollfrei ins Land zu schmuggeln. An diese Epoche, in der nachgefragte Produkte neue, verschlungene Wege von hüben nach drüben fanden, erinnert eine weitere Statue: Mit einem schweren Säcklein beladen wirft der Schmuggler noch einen schnellen Blick über die Schulter, ehe er das Ufer betritt. Vorsichtig prüft er, ob ihm niemand folgt. Doch der Gendarm, die dritte Figur dieser kleinen Reihe, steht ganz entspannt ein paar Meter weiter unten am Ufer und beobachtet das Geschehen in der entgegengesetzten Richtung. Gemütlich lehnt er an der Balustrade einer Caféterrasse und schaut auf die Segelboote, die in dem kleinen Hafen im Wasser treiben. Gemeinsam bilden die drei weißen Statuen das Monumento aos Contrabandistas do Guadiana.

Die neue und die alte Burg

Schon die Mauren wussten die strategisch günstige Lage zu schätzen und ließen sich ganz in der Nähe des heutigen Alcoutim an einer Flussbiegung nieder. Vom Castelo Velho aus kontrollierten sie den Handel auf dem Guadiana. Nachdem christliche Heere die maurischen Herrscher im 12. bis 13. Jahrhundert von der Iberischen Halbinsel vertrieben hatten, blieb die einst mächtige Festung verlassen zurück und verfiel im Laufe der Zeit. Als es im 14. Jahrhundert immer wieder zu Kämpfen zwischen den christlichen Königreichen von Portugal und Kastilien kam, bauten portugiesische Könige in Alcoutim zum Schutz der Grenze eine neue Burg. Auf dem Hügel thronen die Reste des Castelo Novo über der kleinen Stadt. Dort kann man über den einstigen Burghof wandeln, der sich längst in einen grünen Garten verwandelt hat.

Pego Fundo, ein Strand am Fluss

Um sowohl den Einwohnern als auch den Besuchern Alcoutims im Sommer die weiten Wege zu den Stränden der Algarve zu ersparen, hat man sich etwas wirklich Pfiffiges ausgedacht: Am Fluss wurde ein Strand aufgeschüttet, sodass auch in den Bergen niemand auf einen Tag am Wasser verzichten muss. Ganz ohne lange Anreise kann man so auch in den Bergen ein kühles Bad genießen.

INFO

ZIP-LINE ÜBER DIE GRENZE

Auf der anderen Seite des Flusses liegt das spanische Dorf Sanlúcar de Guadiana. Wer mit der kleinen Fähre übersetzt, kann dort von einem Hügel aus eine einmalige Reise antreten: Mit der Zip-Line geht es nämlich über den Fluss zurück ans portugiesische Ufer. Im Hafen liegt das Büro der Firma »Limite Zero«, die die Wagemutigen mit Klettergurten ausstattet und sie im Jeep auf den Berg fährt. Von dort oben saust man dann 720 Meter weit über den Fluss. Die Geschwindigkeit, die man dabei erreichen kann, beträgt siebzig bis achtzig Stundenkilometer. Doch das Besondere daran ist, dass man bei der Fahrt in luftiger Höhe eine Zeitgrenze überschreitet, sodass zwischen Abfahrt in Spanien und Ankunft ein Portugal eine ganze Stunde vergeht, obwohl die Fahrt gerade mal eine Minute dauert.

WEITERE INFORMATIONEN

Limite Zero: 21595 Sanlúcar de Guadiana, limitezero.com

↑ Eine bunte Robbe aus Plastikmüll am Ufer des Guadiana mahnt uns alle, die Gewässer sauber zu halten.
← Die Figurengruppe des Monumento aos Contrabandistas erinnert an die Zeit des Schwarzhandels an der Grenze.

Sowohl die Azoren als auch das Madeira-Archipel erinnern landschaftlich an Hawaii. Das mag daran liegen, dass Vulkane sie geschaffen haben und zum Teil noch aktiv sind.

INSELN

Wale, Blumen und Vulkane – die bunte Inselwelt im Atlantik

55

LAJES DO PICO – HEIMAT VON MOBY DICK

PORTUGALS HÖCHSTER BERG

Pico ist die zweitgrößte Insel der Azoren und zugleich die jüngste. Benannt ist sie nach dem Vulkan Ponta do Pico, dem höchsten Berg Portugals. In den hiesigen Gewässern wurden früher Wale gejagt, heute sind Walbeobachtungen die Touristenattraktion.

Mitten aus dem Atlantik ragt der 2.351 Meter hohe Ponta do Pico (auch Montanha do Pico) empor, zu seinen Füßen die Azoreninsel. Mitte des 15. Jahrhunderts setzten die ersten Siedler ihren Fuß hier an Land. Aus dieser Zeit stammen die Kapelle São Pedro und der Ort, wo sie steht, Lajes do Pico. Heute ist das charmante Städtchen mit seinen weißen Häusern mit den bunten Fenstern und Türen sowie der zentralen Kirche Igreja da Santíssima Trindade mit ihren zwei Türmen der größte Ort an der Südküste.

Was Lajes do Pico vor allem ausmacht, sind aber die sanften Meeresriesen. Die Pflastersteine der Uferpromenade formen einen weißen Pottwal – Moby Dick? Früher verdiente die Bevölkerung der Azoren ihren Lebensunterhalt mit der Waljagd und war weltweit bekannt dafür; 1984 wurde diese schließlich verboten. Seitdem sind es Walbeobachtungstouren, die Geld einbringen. Die Bootsfahrten starten sowohl in Lajes do Pico als auch von der Inselhauptstadt Madalena aus. Neben dem Pottwal kommen hier 25 bis 30 weitere Wal- und Delfinarten vor. Während einige vorbeiziehen, fühlen sich andere ganzjährig wohl. Dazu gehören auch die äußerst scheuen True-Wale, die sich sehr lange in großer Meerestiefe aufhalten. Vor den Azoren konnten sie das erste Mal unter Wasser gefilmt werden. Die Whale Watching Touren haben eine hohe Erfolgsquote. Sie profitieren von Walspähern: Schon früher wurde vom Land aus das Meer beobachtet und Walsichtungen an die Schiffe weitergemeldet.

Der mächtige Riese

Dominiert wird die Insel von dem riesigen Vulkan Pico – außer bei Nebel und Wolken, wenn er sich versteckt. Pico bedeutet übrigens »Gipfel«. Und den kann man mit entsprechendem Equipment sogar besteigen – nach einer Voranmeldung, denn pro Tag ist nur eine bestimmte Anzahl von Personen erlaubt. Über die wohl schönste Straße Portugals gelangt man zu der Querstraße, die zur Casa da Montanha auf einer Höhe von 1.200 Metern führt. Von dieser Berghütte aus dauert der Aufstieg drei bis vier Stunden, der Abstieg ebenfalls; Holzpfosten markieren den Weg. Auf dem Gipfel, dem Picinho, bietet sich ein fantastischer Rundumblick bis hin zu den Nachbarinseln Faial und São Jorge. Hier den Sonnenaufgang oder Sonnenuntergang zu beobachten, ist ein einmaliges Erlebnis. Es ist auch möglich, mit einem eigenen Zelt im Vulkankrater zu übernachten. Auf der Hochebene in der Mitte und im Osten der Insel gibt es zudem bezaubernde Kraterseen zu entdecken. Der bekannteste ist der Lagoa do Capitão.

INFO

DER GUTE ZARENTROPFEN

Seit dem 15. Jahrhundert wird auf Pico Wein angebaut – ein seltener und teurer. Mönche pflanzten auf dem vulkanischen Boden Reben an und errichteten um sie herum niedrige Mauern aus Lavasteinen zum Schutz vor Wind. Der aromatische Insel-Rotwein wird aus den Traubenarten Verdelho, Arinto und Teterrantez gewonnen und fand seinen Weg sogar bis an den russischen Zarenhof. Die Weinanbaufläche mit ihren malerischen Örtchen befindet sich rund um Madalena im Westen der Insel. 2004 wurde die Weinkulturlandschaft von Pico von der UNESCO als Weltkulturerbe anerkannt. Verkostungen sind in den Adegas (Weinkellern) möglich. In Madalena entstand 2015 aus den Überresten eines verlassenen alten Weinlagers die »Cella Bar & Restaurant«, direkt am Meer. Sie ist aus Holz und hat die Form eines Walrückens. Neben dem Picowein gibt es hier auch den Queijo de Pico, ein Weichkäse aus Kuhmilch.

WEITERE INFORMATIONEN

facebook.com/cellabar
montanhapico.azores.gov.pt
parquesnaturais.azores.gov.pt
visitportugal.com

↖ Der Vulkan auf Pico ist immer noch aktiv; aktuell schläft er. Das letzte Mal ist er 1718 ausgebrochen.
↑ In den Gewässern rund um die Azoren kommt man den Walen sehr nah.

56

ANGRA DO HEROÍSMO – DIE HELDENHAFTE

WELTKULTURERBE AUF DEN AZOREN

Sie ist die älteste Stadt der Azoren: Angra do Heroísmo im Süden der Insel Terceira. Für den Überseehandel und die Seefahrt war sie der Dreh- und Angelpunkt. Obwohl 1980 bei einem Erdbeben schwer zerstört, klassifizierte die UNESCO das historische Zentrum als Weltkulturerbe.

Terceira war die dritte Insel der Azoren, die Mitte des 15. Jahrhunderts von den Portugiesen entdeckt wurde – daher der Name. Angra do Heroísmo wurde als eine der ersten Städte mit Schachbrett-Grundriss errichtet. Verantwortlich waren dafür die Spanier, die hier ab dem späten 16. Jahrhundert ca. 60 Jahre lang herrschten. Der Ort mit den bunten Häusern gilt heute als der schönste der Azoren. Zum Schicksalstag wurde der 1. Januar 1980: Für rund zehn Sekunden bebte die Erde und legte die Altstadt in Schutt und Asche. Mit Unterstützung der UNESCO wurde sie in zwei Jahren wieder aufgebaut – viele finden die Altstadt viel schöner als vorher. Überragt werden alle Gebäude von den beiden Türmen der Kathedrale Santíssimo Salvador da Sé. Die größte Kirche der Azoren stammt aus dem späten 16. Jahrhundert. Das Schmuckstück, der versilberte Altar, wurde erst später von hiesigen Kunsthandwerkern gefertigt. Sehenswert ist auch die hellblaue Igreja da Misericórdia im Barockstil aus dem 18. Jahrhundert mit ihren Azulejos und den Holzschnitzereien im Inneren. Auf dem Platz direkt davor – in Sichtweite zum Hafen – steht die Skulptur von Vasco da Gama. Nachdem er den Seeweg nach Indien entdeckt hatte, machte er 1499 auf dem Rückweg hier Halt, da sein Bruder Paolo erkrankt war. Dieser starb wenig später auf Terceira.

Geschützte Bucht

Und hier, mitten im Ozean, entwickelte sich in den folgenden Jahrhunderten einer der wichtigsten Anlaufpunkte für Seereisen zwischen den Kontinenten: ob berühmte Entdecker oder Karavellen, beladen mit Schätzen und Waren aus der Neuen Welt. Angra wurde zu einer wohlhabenden Stadt und das zog Piraten und Freibeuter an – wie z. B. Sir Francis Drake. Zum Schutz wurden zwei Festungen errichtet: das Castelo de São Sebastião und das Castelo de São João Baptista mit seinen vier Kilometer langen Mauern. Es befindet sich auf einer Halbinsel zu Füßen des 205 Meter hohen Hausberges Monte Basil – ein erloschener Vulkan mit fantastischem Ausblick.
Ihren Beinamen »do Heroísmo« (Heldenmut) erhielt die Stadt von Königin Maria II. Die Menschen Terceiras standen im Krieg um die portugiesische Thronfolge Anfang des 19. Jahrhunderts auf der Seite ihres Vaters, des liberalen Pedro IV. Ihm zu Ehren wurde der Obelisk auf dem Alto da Memoria auf einer Höhe von 87 Metern errichtet. Dorthin gelangt man durch den prächtigen Stadtpark, den Jardim Duque da Terceira.

← Angra do Heroísmo liegt an der Südküste der Insel, direkt an einer Bucht.

INFO

INSEL DER KÖSTLICHKEITEN
Das berühmteste Gericht der Insel ist Alcatra, eine Art Eintopf. Dafür wird Rindfleisch zusammen mit Zwiebeln, Knoblauch, Nelken und schwarzen Pfefferkörnern so lange in Rotwein gekocht, bis es fast zerfällt. Serviert wird dazu meist Massa Sovada, ein süßes portugiesisches Hefebrot. Probieren kann man die Spezialität z. B. im Restaurant »Os Moinhos«, untergebracht in einer alten Wassermühle, oder im Familienrestaurant »Ti Choa«.
Das berühmteste Dessert sind die Queijadas da Dona Amélia aus der Konditorei »O Forno«. Die süßen Küchlein wurden nach der letzten portugiesischen Königin benannt, die 1901 Terceira besuchte. Ein ähnliches Gebäck gab es schon vorher, es hieß Bolo das Índias – wegen der Gewürze aus dem Orient, mitgebracht von portugiesischen Seefahrern. Neben Zimt und Muskatnuss enthält es Zucker, Eier, Honig, Butter, Mais- und Weizenmehl sowie Rosinen.

WEITERE INFORMATIONEN
visitazores.com
facebook.com/ti.choa
facebook.com/restaurante.osmoinhos
facebook.com/pastelariaforno

Terceira hieß anfangs Ilha de Jesus.

57

PONTA DELGADA – HAUPTSTADT DER AZOREN

STREETART UND KRATERSEEN

Die größte Stadt der Azoren ist seit 1975 auch deren Hauptstadt. Das einstige Fischerdörfchen zog erst Orangenbarone an und heute die Streetart-Szene. Und kaum irgendwo in Portugal ist das schwarz-weiße Kopfsteinpflaster so schön wie hier.

Die größte und wohl auch vielfältigste der neun Azoreninseln ist São Miguel. Im Osten liegt das Furnas-Tal mit seinem Kratersee und den Caldeiras, kochende schwefelhaltige Quellen. Die sind zum Teil bis zu 98 Grad heiß und werden zum Showkochen genutzt; es gibt hier aber auch Thermalbäder zur Entspannung. Im Westen der Insel ist in einem riesigen Vulkankrater der Lagoa das Sete Cidades – eigentlich zwei zusammenhängende Seen, einer grün, der andere blau.
Auf der Südseite der Insel erstreckt sich entlang einer Bucht der Ort Ponta Delgada. Das einst kleine Fischerdorf entstand bereits im 15. Jahrhundert. Schon früh wurden die ersten Orangenbäume hergebracht, doch erst der Export der Orangen im 18. und 19. Jahrhundert brachte der Stadt Wohlstand. Die Obstbarone ließen Herrenhäuser und prächtige Parks errichten. Aus dem 19. Jahrhundert stammt der zentral gelegene Stadtpark Jardim António Borges mit Gewächsen aus aller Welt, z. B. einem mächtigen Ficus. Ursprünglich gehörte der Park einem der ersten Ananaszüchter der Insel, nach dem er auch benannt ist. Nicht weit entfernt liegen die beiden botanischen Gärten Jardim José do Canto – mit riesigen Bambusstämmen und Bäumen – und Jardim Jácome Correia – mit dem Palácio de Sant'Ana, Sitz der Azoren-Regierung.

Von Herzen und Walen

Ponta Delgada ist eine überschaubare Stadt und herrlich unaufgeregt. Ein Spaziergang durch den Ort ist ein Genuss für die Augen. Zu entdecken gibt es u. a. Häuserwände oder Gartenmauern mit den bunten Herzen des belgischen Künstlers Yves Decoster. Seit 1988 lebt er auf der Insel und hat bereits mehr als 400 Stück verewigt. Weitere Graffitis und Murals kamen seit 2011 dazu, als Diana Sousa und Jesse James einen Streetart-Event ins Leben riefen. Von Frederico Draw stammen die ausdrucksstarken Gesichter und von Hazul der große Blauwal, Baleia Azul. Um etliches älter ist das schwarzweiße Kopfsteinpflaster, die Calçada portuguesa. Hier in Ponta Delgada ist es besonders kunstvoll und prächtig. Der Platz vor der Hauptkirche zum Beispiel ist bedeckt mit dunklen Sternen auf hellem Grund.
Die Igreja Matriz de São Sebastião wurde Mitte des 16. Jahrhunderts im Stil der Manuelinik erbaut. Sie hat als einzige der vielen Kirchen eine Turmuhr, ihr Innenraum ist verziert mit Schnitzereien aus seltenen Holzarten. Der Platz gleich nebenan hat Ähnlichkeit mit der Praça do Comércio in Lissabon; er ist zum Wasser hin offen, aber um einiges kleiner. Hier stehen das Denkmal von Gonçalo Velho Cabral, dem Entdecker der Insel, und das dreibogige Stadttor.

INFO

GEMÜTLICHES SCHMAUSEN

Mitten in der Altstadt von Ponte Delgada liegt das »Rotas da Ilha Verde«. Spezialisiert ist das Restaurant auf vegetarische und auch vegane Gerichte mit den Einflüssen der hiesigen Küche; es war das erste seiner Art auf der Insel. Die Inhaberin Catarina Ferreira, die vor mehr als 20 Jahren vom portugiesischen Festland hierherkam, schuf eine gemütliche Umgebung mit Vintage-Charakter. Im Schwesterrestaurant »Louvre Michaelense«, in dessen Räumlichkeiten einst ein Hutladen mit Waren aus Paris untergebracht war, hat sie sich einen Traum erfüllt: Das wunderschöne Bistro bzw. Café mit seinen Holzregalen mit Glasfronten ist zugleich auch ein alter Kaufmannsladen, wie ihn Catarinas Großmutter hatte, und ein Souvenirgeschäft. Wenn man also satt ist, kann man sich noch mit Tees, Gewürzen und typischen Produkten der Azoren eindecken.

WEITERE INFORMATIONEN

visitportugal.com
cm-pontadelgada.pt
Rotas da Ilha Verde: R. de Pedro Homem 49, 9500-099 Ponta Delgada
Louvre Michaelense: R. António José D'Almeida 8, 9500-053 Ponta Delgada

↖ Der Lagoa das Sete Cidades – »See der sieben Städte« – befindet sich im Westen der Azoreninsel São Miguel.
↑ Durch die Portas da Cidade, das Stadttor, gelangt man in die Altstadt.

58

FUNCHAL – DIE METROPOLE DER BLUMENINSEL

SISI, CHURCHILL UND RONALDO

Benannt ist die Hauptstadt Madeiras nach dem Fenchel, portugiesisch Funcho, der hier in großen Mengen wuchs, als die Insel entdeckt wurde. Funchal gilt heute als eine der schönsten Städte Portugals. Bei Fußballfans ist sie als Geburtsort des Starkickers Cristiano Ronaldo bekannt – er ist hier ein Nationalheld.

Wer schon immer von Hawaii geträumt hat, aber die weite Reise scheut, kann auch erst mal nach Madeira reisen. Beide Inselgruppen sind durch Vulkane entstanden, haben ähnliche grüne Klippen, die ins Meer eintauchen, Wasserfälle, eine üppige Flora – und auch sonst verbindet sie so einiges. Mehr als 450 Jahre nachdem João Gonçalves Zarco, Tristão Vaz Teixeira und Bartolomeu Perestrelo die Insel Madeira entdeckt hatten, wanderten mehrere Tausend Menschen von hier und den Azoren nach Hawaii aus. Sie arbeiteten dort auf Zuckerrohrplantagen und brachten ihr Kulturgut mit. Dazu gehören die Malasadas, eine Art Berliner Pfannkuchen, und die Braguinha. Sie gilt als das Vorbild für die Ukulele (hüpfender Floh), die der portugiesische Auswanderer Manuel Nunes 1879 entwickelte.

Die Stadt des Fenchels

In einer schönen Bucht und von Bergen umgeben, an die sich zum Teil Häuser schmiegen, liegt die Inselhauptstadt Funchal da. Am besten erkundet man sie zu Fuß. Einer der beeindruckendsten Orte ist der Mercado dos Lavradores, die historische zweistöckige Markthalle. Erbaut wurde sie in den 1930er-Jahren im Stil des Modernismus und des Art déco; sowohl innen als auch außen ist sie mit den typischen Azulejos verziert. Empfangen wird man von Ständen mit wunderschönen Blumen. Alles, was der Bauch begehrt, gibt es hier zu kaufen – Früchte, Gemüse, Fisch. In der Markthalle bekommt man auch die Zutaten für zwei kulinarischen Spezialitäten der Insel: der Fleischspieß »Espetada«, das ist auf dem Lorbeerspieß gegrilltes Rindfleisch, und der Schwarze Degenfisch »Espada«, serviert mit der einheimischen Banane. Wer nicht selbst kochen mag, besucht eines der vielen Restaurants in der Altstadt. Die Zona Velha, wie sie hier heißt, ist das älteste Viertel Funchals. Über schwarz-weißes Pflaster geht man durch enge Gassen, vorbei an bemalten bzw. geschmückten Türen. Im Rahmen der Streetart-Initiative »Arte de Portas Abertas« wurde rund 200 Türen der alten Häuser neues Leben eingehaucht. Schleckermäuler sollten einen Abstecher an den Rand des Stadtzentrums in die Fábrica de Santo António machen. Hier gibt es das berühmte Honiggebäck und Fenchelbonbons, die Rebuçados de Funcho. Gegründet Ende des 19. Jahrhunderts, ist das Geschäft immer noch in Familienhand.

Einen Moment der Ruhe und der Andacht findet man in der Kathedrale von Funchal, die unter der Regierung von Dom Manuel I. errichtet wurde. Von außen eher unscheinbar, entfaltet sich im Inneren mit der hölzernen Decke und dem vergoldeten Altaraufsatz eine wahre Pracht. Lässt man sich Richtung Süden treiben, gelangt man an den Hafen

↗ Funchal ist die größte Stadt Madeiras und Anlaufstelle für Kreuzfahrtschiffe.
→ Die Touristenattraktion: Die rasanten Abfahrten mit den »Carros de Cesto«.

und die Promenade. Dort steht im benachbarten Park Santa Catarina direkt neben einer kleinen Kapelle eine Statue von Christoph Kolumbus und blickt auf das Meer. Noch vor seinen Entdeckungsreisen kam er mit dem Auftrag, Zucker zu kaufen, auf die Insel. Der Seefahrer lebte einige Zeit hier.

Bekannte Exportschlager

Mit niemand anderem aber wird die Insel mehr in Verbindung gebracht als mit Cristiano Ronaldo, mehrfacher Weltfußballer des Jahres. 1985 wurde er als jüngstes von vier Kindern in Funchal geboren. Schon früh begann er mit dem Fußballspielen und ging bereits im Alter von 12 Jahren zu Sporting Lissabon. Mit 18 Jahren wechselte das Ausnahmetalent zu Manchester United; es folgten weitere große Clubs. Und die Insel würdigt den Fußball-Star gebührend: Der Flughafen von Funchal trägt seinen Namen und seit 2014 steht eine drei Meter hohe Bronzestatue von Cristiano Ronaldo unweit des Hafens, direkt vor dem CR7 Museum. Das gehört ihm ebenso wie ein Hotel. Zwar lebt der Fußballer ein Luxusleben, aber er kümmert sich auch um seine Familie und spendet viel Geld für gute Zwecke.
Das andere wichtige Exportgut der Insel ist der Madeira-Wein. Die ersten Reben kamen bereits im 15. Jahrhundert aus Kreta und Nordportugal hierher. Seit dem 16. Jahrhundert ist der Madeira in England beliebt und fand später auch den Weg in die europäischen Königshäuser. 1776 stießen in den USA sogar die Väter der Unabhängigkeitserklärung damit an. Bis heute werden die Reben – bedingt durch die Lage der Weinberge am Hang – von Hand gepflegt und geerntet. Für den Likörwein werden rund 30 weiße Rebsorten gekeltert, vier davon gelten als die edelsten. Aus dem Sercial entsteht ein trockener und heller Madeira, der sich als Aperitif eignet. Aus dem Verdelho wird ein halbtrockener und aus dem Boal ein halbsüßer Likörwein gewonnen. Am bekanntesten ist der Malvasia, der zu einem roten, sehr süßen Dessertwein ausgebaut wird. Madeira hat einen Alkoholgehalt von bis zu 22 Volumenprozent – deswegen ist eine geöffnete Flasche auch lange haltbar. Wie dem Portwein auch wird dem Madeira hochprozentiger Alkohol zugesetzt, zusätzlich braucht er für drei bis fünf Monate starke Hitze. Bevor er in Flaschen abgefüllt werden kann, muss der Madeira mindestens drei Jahre in Eichenfässern lagern. Die Insel hat aber auch sehr guten klassischen Wein zu bieten.

Insel des ewigen Frühlings

Eine weitere Attraktion ist eine Korbschlittenfahrt – das hört sich langweiliger an, als es ist. Schon im 19. Jahrhundert nutzten die Menschen dieses Transportmittel. Vom Örtchen Monte aus geht es über eine kurvige und steile Straße Richtung Funchal. Gelenkt und angeschoben werden die Korbschlitten von den Carreiros. Die Korblenker sind ganz in Weiß gekleidet und tragen Strohhütte sowie Lederstiefel mit Gummisohlen, um besser bremsen zu können. Alle paar Woche müssen diese erneuert werden.
Wahrscheinlich suchte auch eine ganz berühmte Dame Mitte des 19. Jahrhunderts diesen Nervenkitzel: die österreichische Kaiserin Elisabeth. 1860 war Sisi für eine Kur auf die Atlantikinsel geflüchtet, die dafür in damaligen adeligen Kreisen und bei wohlhabenden Briten groß in Mode war. Ihre Unterkunft existiert heute nicht mehr, seit den 1970er-Jahren steht dort das vom brasilianischen Stararchitekten Oscar Niemeyer entworfene Casino. Vor dem Casino-Hotel erinnert eine lebensgroße Bronzestatue an Sisi. Sie kehrte Ende 1893 ein zweites Mal nach Madeira zurück und logierte im neu eröffneten Reid's Palace. Damit war sie eine der ersten Gäste im heute bekanntesten Luxushotel der Insel. 1887 hatte der Schotte William Reid das Hotel auf einer

↗ Im Mercado dos Lavradores gibt es eine Vielzahl exotischer Früchte.
← Die Altstadt von Funchal lädt zum Bummeln und Verweilen ein.

Klippe westlich von Funchal bauen lassen; sein Geld hatte er mit Wein gemacht. Der Kaiserin folgten über die Jahrzehnte illustre Gäste wie der irische Schriftsteller George Bernard Shaw, die Schauspieler Charlie Chaplin und Gregory Peck sowie die britischen Premiers Margaret Thatcher und Winston Churchill. Von diesem erhielt Madeira den Beinamen »Insel des ewigen Frühlings«. Im Januar 1950 machte Churchill hier Urlaub und schrieb seine Kriegsmemoiren, für die er später den Friedensnobelpreis erhielt. Außerdem malte er Landschaftsaquarelle, u. a. von der Bucht von Câmara de Lobos, ein malerischer Fischerort westlich von Funchal. Der Aussichtspunkt, wo der britische Premierminister damals malte, trägt mittlerweile seinen Namen, auch eine Bronzeplakette erinnert an ihn.
Ganz in der Nähe erhebt sich das Cabo Girão, mit 580 Metern eine der höchsten Steilklippen Europas und laut Reisemagazin Condé Nast Traveler (2014) die fünftunglaublichste Meeresklippe der Welt. Für den besten Ausblick muss man ein bisschen mutig sein und auf die verglaste Plattform, den Skywalk, treten. Dort schwebt man über dem Abgrund. Wer an den darunterliegenden Strand möchte, muss die Seilbahn Fajãs do Cabo Girão oder ein Boot nehmen.

INFO

SCHLAFEN WIE SISI

Die wohl schönste Art auf Madeira zu übernachten, ist in einer Quinta. Das sind alte Herrenhäuser – ein Mix aus englischem Landhausstil mit Kolonialarchitektur, oft eingerichtet mit antikem Mobiliar und dennoch mit modernem Komfort. Umgeben sind sie von wundervollen, exotischen Gärten. Diese 4- bis 5-Sterne-Hotels verfügen zum Teil über Spa-Bereiche und gute Restaurants. Die »Quinta da Bela Vista«, erbaut im frühen 19. Jahrhundert und noch immer im Familienbesitz, bietet, wie der Name schon sagt, einen wunderbaren Ausblick auf das Meer, die Bucht von Funchal und die Berge. Die »Casa Velha do Palheiro« entstand ebenfalls im frühen 19. Jahrhundert als Jagdresidenz des Conde de Carvalhal, mit Kamelien und Bäumen aus aller Welt. Das östlich von Funchal gelegene Hotel, bestehend aus drei Häusern, eröffnete erst 1997 – gleich daneben gibt es einen prächtigen Garten und einen Golfplatz. Die Quinta »Jardins do Lago« aus dem 18. Jahrhundert hat ihren eigenen botanischen Garten, in dem schon seit vielen Jahrzehnten die Galapagos-Schildkröte Colombo wohnt.

WEITERE INFORMATIONEN

visitmadeira.pt; museucr7.com
vinhomadeira.com
fabricastoantonio.com
belavistamadeira.com
casa-velha.com; jardins-lago.pt

Madeira ist ein wahres Blumenparadies.

59

SÃO VICENTE – MADEIRAS NORDEN

VERZAUBERTES WANDERPARADIES

Die Nordküste der Insel bietet vor allem atemberaubende Landschaften, aber auch kleine beschauliche Orte wie São Vicente. Hier befinden sich die berühmten Lavagrotten und die Lorbeerwälder, die UNESCO-Weltnaturerbe sind.

Madeira wird auch das Hawaii Europas genannt, und ein Blick auf die Nordküste bestätigt das: grüne Klippen, die steil aus dem Atlantik emporragen, eine Vielzahl an Wasserfällen und hohe Wellen, ideale Surfbedingungen also. Genau hier befindet sich der hübsche Ort São Vicente, gegründet Mitte des 15. Jahrhunderts – am Fuß der Berge, das Meer direkt vor der Tür. Hier gibt es sogar einen Strand, wenn auch aus Kieseln. Sehenswert ist die Igreja Matriz de São Vicente, erbaut im 17. Jahrhundert im manieristischen Stil. Wie der Ort auch ist die Kirche nach dem heiligen Vinzenz benannt. Von außen eher schlicht, verfügt sie über ein prächtig verziertes Inneres: ein Altar mit vergoldeten Holzschnitzereien, Azulejos und Deckenmalereien mit dem heiligen Vinzenz, der den Ort segnet. Das auffälligste Gotteshaus Madeiras ist die Capelinha do Calhau in São Vicente. Die winzige Kapelle wurde Ende des 17. Jahrhunderts in einen Basaltfelsen hineingebaut, der in einer Flussmündung steht. Wahrzeichen aber ist der weiße Turm der Capela de Nossa Senhora de Fátima mit je einer Uhr auf allen vier Seiten. Er steht auf dem Pico da Cova und ist im ganzen Tal von São Vicente zu sehen.

Levadas und Lorbeerwald

Ebenfalls unübersehbar ist der 1.862 Meter hohe Pico Ruivo. Die höchste Erhebung der Insel gehört zu einer Gebirgskette, die Madeira teilt – in eine niederschlagsreichere Nord- und eine regenärmere Südhälfte. Deswegen wurde bereits im 15. Jahrhundert etwas Einzigartiges angelegt: Levadas; Bewässerungskanäle mit einer Gesamtlänge von mehr als 2.000 Kilometern. Später brauchte der Süden der Insel das Wasser vor allem für den Anbau von Wein und Zuckerrohr; Madeira war damals noch der größte Zuckerexporteur. Die knapp einen Meter breiten und einen halben Meter tiefen Kanäle mit dem leichten Gefälle sind noch heute in Betrieb, daneben gibt es Pfade für die Instandsetzung. Diese werden heute als Wanderwege durch eine atemberaubende Naturlandschaft genutzt, die sonst nicht zugänglich wäre – und immer plätschert das Wasser in den steinernen Levadas neben einem. Für jeden ist etwas dabei, ob leichte oder sportliche Touren. Ab São Vicente kann man z. B. die Levada do norte entlangwandern. Diese führt durch sattes Grün und einige feuchte Tunnel, aber auch zu einer weiteren Besonderheit: dem Laurissilva-Wald, der seit 1999 UNESCO-Weltnaturerbe ist. Zwanzig Prozent der Fläche Madeiras sind von den knorrigen Lorbeerbäumen bedeckt.

INFO

GROTTIG GUT

Bekannt ist São Vicente auch für seine Grutas, das sind unterirdische Lavakanäle, die rund 900.000 Jahre alt sind. Entdeckt wurden sie im 19. Jahrhundert, aber erst seit 1996 sind sie öffentlich zugänglich. Auf der geführten Tour geht es rund einen Kilometer durch die bis zu sechs Meter hohen Grotten – vorbei an erstarrten Vulkangesteinszapfen, Lavaflüssen und dem Bloco errante. Dieser Felsbrocken wurde von der Lava transportiert, blieb dann aber wegen seiner Größe stecken. Im benachbarten Vulkanzentrum gibt es weitere Informationen zur Entstehung des Madeira-Archipels.

Westlich von São Vicente, auf halber Strecke zum Nachbarort Seixal mit dem schwarzen Strand, befindet sich der wunderschöne Brautschleier-Wasserfall, die Cascata do Véu da Noiva. Über einen Felsen ergießt sich das Wasser direkt ins Meer und sieht dabei aus wie ein Brautschleier. Den besten Blick auf das Spektakel erhascht man vom Miradouro do Véu da Noiva.

WEITERE INFORMATIONEN

visitmadeira.com
grutasecentrodovulcanismosaovicente.com

↖ Der Küstenort im Norden liegt in einem Tal – inmitten grüner Landschaft und üppiger Wälder.
↑ Der Wanderpfad der Levada do Rei führt durch den Lorbeerwald.

60

VILA BALEIRA – DAS ZENTRUM PORTO SANTOS

AUF DER GOLDENEN INSEL

Porto Santo, heiliger Hafen, so heißt die kleine Schwester von Madeira. Wegen ihres Sandstrandes wird sie auch Ilha Dourada, goldene Insel, genannt. Was viele nicht wissen: Christoph Kolumbus lebte einige Jahre hier.

Rund 40 Kilometer nordöstlich von Madeira befindet sich Porto Santo, mit der Fähre sind das knapp zweieinhalb Stunden. Seit 1960 gibt es auch einen Flughafen – quer über dem kleinen Eiland. Porto Santo ist eher flach und karg, eine Vulkanlandschaft und ein krasser Gegensatz zur Blumeninsel. International ist die Insel weniger bekannt, dabei ist sie der Sandkasten Madeiras.
Fast die komplette Südseite der Insel ist Strand. Ein Traumstrand: neun Kilometer lang, feiner, goldener Sand und türkisblaues, warmes Wasser. Deswegen kommen die Menschen hierher. Und es heißt, er habe heilende Kräfte. Der Sand und das Meerwasser enthalten Kalzium, Magnesium und Jod. Das ist gut für Gelenke und Knochen. Einfach im Sand einbuddeln und einziehen lassen – oder dafür ins inseleigene Wellness-Zentrum gehen.

Die Seefahrer-Insel

Das 15. Jahrhundert war die Zeit der großen Entdeckungsreisen Portugals. 1418 waren die Seefahrer João Gonçalves Zarco, Tristão Vaz Teixeira und Bartolomeu Perestrelo eigentlich unterwegs, um die Westküste Afrikas zu erforschen, landeten dann aber auf Porto Santo. Ein Sturm hatte sie hierher abgetrieben. So bekam die Insel vermutlich ihren Namen. Damals war Porto Santo noch grün und voller Drachenbäume, die wurden jedoch abgeholzt. Heute versucht man neue Bäume anzupflanzen.
1479 kam Christoph Kolumbus auf die Insel, heiratete die Tochter von Perestrelo, dem damaligen Gouverneur und Gründer von Vila Baleira, und bekam mit ihr zusammen Sohn Diego. In der Casa di Colombo haben die drei angeblich gelebt. Heute ist dort ein Museum untergebracht, in dem man einiges über das Zeitalter der Entdeckungsreisen und über Kolumbus erfahren kann. Zu den Ausstellungsstücken gehören ein Modell seines Flaggschiffes, der »Santa Maria«, und Artefakte eines holländischen Handelsschiffes, das 1724 an der Nordküste der Insel zerschellte. Das Museum versteckt sich in einem kleinen Park hinter der gedrungenen weißen Igreja de Nossa Senhora da Piedade. Die Kirche stammt aus dem 15. Jahrhundert, wurde aber von Piraten und Freibeutern fast vollständig zerstört und musste im 17. Jahrhundert wieder aufgebaut werden. An der Fassade ist ein wunderschönes weiß-blaues Azulejo angebracht. Nicht weit entfernt befinden sich das alte Rathaus – mit Drachenbäumen davor – und die Palmenallee des Jardim do Infante, wo eine Skulptur von Kolumbus steht. Ihm zu Ehren findet jedes Jahr Mitte September das Festival de Colombo statt.

INFO

HOCH HINAUS

Vor vielen Millionen Jahren ist Porto Santo infolge von Vulkanausbrüchen entstanden, die die Landschaft formten, so wie den Pico do Facho. Der Berg liegt im Osten und ist mit 517 Metern der höchste Punkt der Insel. Wer weit über das Meer und die Insel schauen will, sollte ihn erklimmen. Auf dem Aussichtspunkt (Miradouro) des benachbarten Pico do Castelo stehen noch 19 Kanonen, die früher dem Schutz vor Piraten dienten. Von dort aus braucht man noch weitere 45 Minuten zu Fuß auf dessen Spitze. Die ist zwar etwas niedriger als beim Pico do Facho, die Windmühlen auf der Hochebene bei Portela sind aber trotzdem zu sehen – von den ehemals 30 Bauwerken sind nur wenige übrig.
Vom fast 300 Meter hohen Pico de Ana Ferreira im Westen der Insel erblickt man nicht nur die benachbarten Inselchen, sondern auch Orgelpfeifen – so jedenfalls sieht die Felsformation aus, die die Lava hier geformt hat.

WEITERE INFORMATIONEN

visitportosanto.pt
porto-santo.com
visitmadeira.com
museucolombo-portosanto.com

← Hier gibt es den besten Dünenstrand des Landes; das ergab der Wettbewerb »7 Maravilhas – Praias de Portugal«.
↑ Nur noch sechs Windmühlen aus dem späten 18. Jahrhundert sind übrig.

Das ehemalige Fischerdörfchen Câmara de Lobos auf der Atlantikinsel Madeira liegt westlich von Funchal. Winston Churchill kam zum Malen hierher.

REGISTER

BILDNACHWEIS

Grit Schwarzenburg: 11 re., 11 li., 84, 85, 87

Nicole Biarnés: 6 u.li., 7 u.re., 8 u.re., 8 u.li., 40, 44 u., 44 o., 45 u., 45 o., 46, 49, 56, 57, 58, 59, 60, 61, 62, 64, 65, 66, 67, 68, 70, 73, 79, 81, 96, 97, 108, 111, 112, 113, 114, 115, 116, 117, 118, 119, 121, 122, 124, 125, 127, 128 o., 128 u., 129 o., 129 u., 130, 131, 133, 134 u., 135 u., 135 o., 136, 137, 138, 139, 140, 141, 142, 143, 144, 145

Shutterstock: 4, 28 (Liliana Marmelo), 6 u.re., 77 (alexilena), 6 o. (Sodel Vladyslav), 6 u.mi. (Eszter Szadeczky-Kardoss), 7 u. mi., 103 (amnat30), 8 o. (Sergio Monzon del Olmo), 10, 35 o. (Dudarev Mikhail), 12 r. (kanvictory), 12 l., 153 (badahos), 13 u. (Voyagerix), 13 o. (Cmspic), 13 l. (netsign33), 14 (Visual Cortex), 16 (MBL1), 17 (VicVa), 18 (Magik Blaze), 19 (nightcap), 20 (Wirestock Creators), 21 (Wirestock Creators), 22, 37 (milosk50), 23 (Bruno Ismael Silva Alves), 24 (Ticiana Giehl), 25 (Richi McWallace), 26 (Vadim Petrakov), 27 (Alfonso Fernandez), 29 (Barry Paterson), 30 (Rob Atherton), 31, 107 (Magdalena Paluchowska), 33 (karnizz), 34 u. (Sopotnicki), 34 o. (nikolpetr), 35 u. (Mazur Travel), 36 (Csaba Vanyi), 38 (Sergio Formoso), 39 (gabs1510), 43 (BooFamily), 48 (Steve Heap), 50 (LianeM), 51 (Alexandre Rotenberg), 52 (GTW), 53 (Veronika Kovalenko), 54, 76 (saiko3p), 55 (mehdi33300), 69, 88 (Luis Pedro Fonseca), 72 (LifeCollectionPhotography), 74 (Luisa Ferreira), 75 (Dmytro Surkov), 78 (Andrei Nekrassov), 80 (asife), 82 (Fresnel), 86 (Flymydr8ne), 89 (Viagens e Caminhos), 90 (Policas), 92 (odecam), 93 (Amazing Travels), 94 (Eva B), 95 (TMP – An Instant of Time), 98 (Christophe Cappelli), 99 (LuisPinaPhotography), 100 (Sergii Figurnyi), 101 (joserpizarro), 102 (Cornelia Pithart), 104 (studio f22 ricardo rocha), 105 (inacio pires), 106 (Zdenek Matyas Photography), 110 (Michele Rinaldi), 120 (Gregy Ro), 134 o. (Jens_Bee), 146, 162 (Balate Dorin), 148 (Robert van der Schoot), 149 (Henner Damke), 150 (HelenaH), 151 (FCG), 152 (Jerome Stubbs), 155 u. (Nikiforov Alexander), 155 o. (Tomasz Czajkowski), 156 (symbiot), 157 u. (Travel Faery), 157 o. (hbpro), 158 (Sergiy Vovk), 159 (Circumnavigation), 160 (Ruben sousa), 161 (ColorX)

Die beiden Autorinnen **Grit Schwarzenburg** und **Nicole Biarnés** lieben das Reisen, dabei muss es gar nicht immer weit weg gehen, denn auch mitten in Europa warten noch unbekannte kleine Orte, aufregende Landschaften und spannende Geschichten darauf, entdeckt zu werden.
Grit Schwarzenburg fing während ihres Studiums in Potsdam an, für eine Tageszeitung zu schreiben. Seit 2004 lebt sie in Berlin und arbeitet als TV-Journalistin, u. a. auch ein paar Jahre bei der Sendung »Bahn TV Reise«. Reisebildbände verfasst sie als freie Autorin seit 2020.
Nicole Biarnés zog nach dem Studium nach Spanien, wo sie seit 23 Jahren in der Nähe von Barcelona lebt. Als freie Autorin schreibt sie Reisebücher, verfasst Texte für verschiedene Websites, recherchiert für Fernsehproduktionen vor Ort und berichtet auf ihrem Reiseblog über das Leben am Mittelmeer.

IMPRESSUM

Verantwortlich: Carola Holzer
Lektorat: Buch&media GmbH, München
Layout: Buch&media GmbH, München
Korrektorat: Buch&media GmbH, München
Repro: LUDWIG:media
Herstellung: Bettina Schippel
Printed in Slovakia by Neografia

★★★★★

Sind Sie mit diesem Titel zufrieden? Dann würden wir uns über Ihre Weiterempfehlung freuen.
Erzählen Sie es im Freundeskreis, berichten Sie Ihrem Buchhändler, oder bewerten Sie bei Onlinekauf. Und wenn Sie Kritik, Korrekturen, Aktualisierungen haben, freuen wir uns über Ihre Nachricht an Bruckmann Verlag, Postfach 40 02 09, D-80702 München oder per E-Mail an lektorat@verlagshaus.de.

Unser komplettes Programm finden Sie unter

www.bruckmann.de

Textnachweis:
Nicole Biarnés: Willkommen in Portugal, 12, 13, 14, 15, 16, 18, 19, 20, 21, 22, 23, 24, 27, 28, 34, 40, 41, 42, 43, 44, 45, 46, 47, 48, 49, 50, 51, 52, 53, 54
Grit Schwarzenburg: Vorwort, 1, 2, 3, 4, 5, 6, 7, 8, 9, 10, 11, 17, 25, 26, 29, 30, 31, 32, 33, 35, 36, 37, 38, 39, 55, 56, 57, 58, 59, 60
Umschlag: Vorderseite: Traumhafter Blick auf die Praça Marquês de Pombal im Zentrum von Vila Real de Santo António in Portugal (mauritius images / Luis Fonseca). Rückseite: Links: Mit Graffiti und Wandmalereien ist neues, kreatives Treiben in die Straßen der Altstadt von Covilhã eingezogen (Nicole Biarnés). Mitte: Matosinhos besticht auch mit seiner modernen Architektur am Hafen (Shutterstock / Diana Lopes). Rechts: Die bunt bemalten Moliceiros, die im Sommer am Ufer der Kanäle schaukeln, sind längst schon zu einem Wahrzeichen Aveiros geworden (Nicole Biarnés). Unten: Die mächtige Burg ist die Touristenattraktion Braganças und besitzt eine doppelte Ringmauer (Shutterstock / Sergio Formoso).

Die Deutsche Nationalbibliothek verzeichnet diese Publikation in der Deutschen Nationalbibliografie; detaillierte bibliografische Daten sind im Internet über http://dnb.d-nb.de abrufbar.

Infanteriestraße 11 a,
80797 München
ISBN 978-3-7343-2638-7